国家电网
STATE GRID

国网能源研究院有限公司
STATE GRID ENERGY RESEARCH INSTITUTE CO., LTD.

U0662127

2023

电－氢协同：
发展理念与路径展望

国网能源研究院有限公司　编著

中国电力出版社
CHINA ELECTRIC POWER PRESS

国网
能源研究
STATE GRID
ENERGY RESEARCH

图书在版编目（CIP）数据

电-氢协同：发展理念与路径展望.2023/国网能源研究院有限公司编著.—北京：中国电力出版社，2024.2

ISBN 978-7-5198-8595-3

Ⅰ.①电… Ⅱ.①国… Ⅲ.①电能－研究报告－中国－2023②氢能－研究报告－中国－2023　Ⅳ.①F426.61②F426.2

中国国家版本馆 CIP 数据核字（2023）第 256664 号

出版发行：中国电力出版社

地　　址：北京市东城区北京站西街 19 号（邮政编码 100005）

网　　址：http://www.cepp.sgcc.com.cn

责任编辑：刘汝青（010-63412382）　畅　舒

责任校对：黄　蓓　马　宁

装帧设计：赵姗姗

责任印制：吴　迪

印　　刷：三河市万龙印装有限公司

版　　次：2024 年 2 月第一版

印　　次：2024 年 2 月北京第一次印刷

开　　本：787 毫米×1092 毫米　16 开本

印　　张：6.5

字　　数：88 千字

印　　数：0001—1500 册

定　　价：218.00 元

声　明

一、本报告著作权归国网能源研究院有限公司单独所有，未经公司书面同意，任何个人或单位都不得引用、转载、摘抄。

二、本报告中梳理国内外"电－氢协同"发展动态、现状、实践探索经验等均来自报告文末所列参考文献，如对参考文献的解读有不足、不妥或理解错误之处，敬请谅解，烦请参考文献的作者随时指正。

序 言

经过一年来的艰辛探索和不懈努力，国网能源研究院有限公司（简称国网能源院）遵循智库本质规律，思想建院、理论强院，更加坚定地踏上建设世界一流高端智库的新征程。百年变局，复兴伟业，使能源安全成为须臾不可忽视的"国之大者"，能源智库需要给出思想进取的回应、理论进步的响应。因此，对已经形成的年度分析报告系列，谋划做出了一些创新的改变，力争让智库的价值贡献更有辨识度。

在 2023 年度分析报告的选题策划上，立足转型，把握大势，围绕碳达峰碳中和路径、新型能源体系、电力供需、电源发展、新能源发电、电力市场化改革等重点领域深化研究，围绕世界 500 强电力企业、能源电力企业数字化转型等特色领域深度解析。国网能源院以"真研究问题"的态度，努力"研究真问题"。我们的期望是真诚的，不求四平八稳地泛泛而谈，虽以一家之言，但求激发业界共同思考，在一些判断和结论上，一定有不成熟之处。对此，所有参与报告研究编写的研究者，没有对鲜明的看法做模糊圆滑的处理，我们对批评指正的期待同样是真诚的。

在我国能源发展面临严峻复杂内外部形势的关键时刻，国网能源院对"能源的饭碗必须端在自己手里"，充满刻骨铭心的忧患意识和前所未有的责任感，为中国能源事业当好思想先锋，是智库走出认知"舒适区"的勇敢担当。我们深知，"积力之所举，则无不胜也；众智之所为，则无不成也。"国网能源院愿与更多志同道合的有志之士，共同完成中国能源革命这份"国之大者"的答卷。

国网能源研究院有限公司

2023 年 12 月

前　言

　　对能源多元化探索的脚步就从未停止，早在 20 世纪 70 年代日本以其忧患意识提出了"氢能源"的发展概念，也有过不懈的探索和努力，但并未最终成为现实。近年来，氢能再度成为热词，究其原因，仍然是全球能源供需版图剧烈变动下对能源安全的深切忧患再度被唤起。从国网能源院研究团队跟踪研判的情况看，氢能目前的发展态势已经在不同领域、不同程度上指向了电力行业，也为加快构建新型能源体系出了一道协同的大题。前景未必现在就能确定，但研究团队认为，深入探索这一方向是能够在很大程度上回应新型能源体系"体系化"的演进机理。这种带有规律性的提炼，既有助于当前氢能发展走向更加理性，也能够反过来促进电力行业以更加开放的态度，融合能源领域四面八方正在出现的新事物。

　　因此，国网能源研究院有限公司在年度报告的安排中，首次以"电－氢协同：发展理念与路径展望"作为选题。这样的选题，是做了第一个吃螃蟹的尝试。我们注意到现实的发展已经提出了一系列现实的问题，作为智库有责任给予积极的回应。这种回应从研究的意义上尽管是阶段性的，但报告仍是做了"电－氢协同"框架体系的构建，就是下决心要把这个问题纳入智库长期研究的领域。

　　本报告的疏漏之处是理论还有待成熟，但也因为时间、精力等方面的制约，还没有一个比较透彻全面的调查研究。比如：对民营经济在氢能领域的发展关注和了解得还不够，对国外同行的研究新进展交流得还不充分。但这也让研究团队加油努力，使这些"疏漏"成为后续报告的"重点"，也争取成为"亮点"。

"电－氢协同"作为新事物，研究团队感受到了业界专家真诚的关心。在我们调研走访以及专家讨论会上知无不言、言无不尽，对我们研究的不足之处也给予了坦率的批评。就是在这样求真务实的氛围中，研究团队完成本报告至少可以有一个问心无愧的结论。我们懂得了"完美"永远在路上，但"真研究问题，研究真问题"的作风是应该根植于能源智库研究者的内心之中。特别值得一提的是，国网能源院于11月29日与俄罗斯有关方面共同举办了"氢能发展对话：中俄能源合作视角下的产业机遇"研讨会，研究团队发布了该报告的主要观点和结论，得到了与会专家的热烈讨论，这也让我们真切认识到，本报告所涉及的主题，不只是中国话题，研究要始终不离国际视野才行。

限于篇幅，本报告重点在于只提出"电－氢协同"的发展理念与路径，部分问题分析未全面展开，涉及的数据、模型、参数等未能详细列出，欢迎有兴趣的读者联系和交流。

编著者

2023 年 12 月

目　录

序言

前言

概述	*1*
1 "电－氢协同"理念内涵	**6**
1.1 电能、氢能关系发展历程	7
1.2 "电－氢协同"发展理念的提出	8
1.3 "电－氢协同"分析框架	13
1.4 "电－氢协同"机理	15
2 "电－氢协同"价值潜力	**19**
2.1 测算思路	20
2.2 电氢发展边界条件	21
2.2.1 氢气供需发展	21
2.2.2 电力供需发展	24
2.3 典型场景	25
2.3.1 宏观系统级场景	25
2.3.2 微观项目级场景	27
2.4 价值测算结果	29
2.4.1 加速低碳转型价值	29
2.4.2 保障系统安全价值	33
2.4.3 提升经济效益价值	34

3 "电-氢协同"关键技术   *37*

3.1 电制氢技术 ……………………………………………… 38

3.2 输氢技术 ………………………………………………… 41

3.3 储氢技术 ………………………………………………… 42

3.4 氢发电技术 ……………………………………………… 44

3.5 系统协同技术 …………………………………………… 46

     3.5.1 协同优化配置 ……………………………………… 46

     3.5.2 协同优化运行 ……………………………………… 48

4 "电-氢协同"政策机制   *51*

4.1 关键问题与挑战 ………………………………………… 52

     4.1.1 项目难以获得良好收益 …………………………… 52

     4.1.2 认证体系与技术标准不健全 ……………………… 53

     4.1.3 部分关键技术亟待突破 …………………………… 54

     4.1.4 尚未实现电、氢基础设施协同规划 ……………… 55

4.2 政策体系 ………………………………………………… 55

     4.2.1 激发绿氢需求 ……………………………………… 56

     4.2.2 融资财税激励 ……………………………………… 58

     4.2.3 健全认证标准 ……………………………………… 59

     4.2.4 加强技术研发 ……………………………………… 60

4.3 市场机制 ………………………………………………… 61

     4.3.1 电能量市场 ………………………………………… 62

     4.3.2 辅助服务市场 ……………………………………… 63

     4.3.3 容量补偿机制或容量市场 ………………………… 64

     4.3.4 绿色市场 …………………………………………… 65

5 "电-氢协同"发展路径   *67*

5.1 示范探索期(当前至 2030 年) ·············· 68

5.2 发展成熟期(2030—2040 年) ·············· 69

5.3 深度协同期(2040—2060 年) ·············· 70

附录 A "电-氢协同"前沿示范项目 ·············· 72

A.1 新能源基地规模化制氢与综合利用项目 ·············· 72

    A.1.1 总体特点 ·············· 72

    A.1.2 典型项目 1:中石化新疆库车绿氢示范项目 ·············· 73

    A.1.3 典型项目 2:中煤鄂尔多斯能源化工有限公司
    10 万 t/年液态阳光示范项目 ·············· 75

    A.1.4 典型项目 3:荷兰北海风电制氢项目 ·············· 76

A.2 配电侧/微网侧电氢耦合项目 ·············· 77

    A.2.1 总体特点 ·············· 77

    A.2.2 典型项目 1:浙江台州大陈岛氢能综合利用示范项目 ··· 79

    A.2.3 典型项目 2:宁波慈溪氢电耦合直流微网示范工程 ······ 80

A.3 氢能灵活调节项目 ·············· 81

    A.3.1 总体特点 ·············· 81

    A.3.2 典型项目 1:安徽六安兆瓦级氢能综合利用示范项目 ··· 82

    A.3.3 典型项目 2:德国美因茨风电制氢-加氢站及天然气管网
    示范项目 ·············· 83

    A.3.4 典型项目 3:法国 HYFLEXPOWER 示范项目 ·············· 85

参考文献 ·············· 86

致谢 ·············· 89

概　　述

在"双碳"目标下，电、氢、气、热、冷等不同能源系统之间的耦合日益紧密，氢能已成为连接电力行业与其他终端消费行业的重要媒介。本报告提出"电－氢协同"的发展理念，明确"电－氢协同"对能源电力系统低碳转型、新型能源体系与新型电力系统建设的重要意义，从关键技术、政策体系、市场机制等方面形成发展路径。报告的主要结论和观点如下：

（一）概念内涵

（1）报告首次提出"三位一体"的"电－氢协同"发展理念。 "三位一体"具体包括：电、氢两种能源在新型能源体系中的定位协同、基于物理耦合的系统协同和立足产业布局的产业链协同。在定位协同方面，氢、电两套二次能源体系协同发展，有望分担新能源消纳和能源保供压力。在系统协同方面，氢能分别可作为电力系统的可调节负荷、可靠清洁电源和长周期储能，通过电－氢、氢－电"单向耦合"和电－氢－电"双向耦合"三种模式发挥协同作用。在产业链协同方面，新型电力系统产业链和氢能产业链的有机融合是实现更大范围内价值创造的必要支撑。

（2）报告系统构建"三四三"的"电－氢协同"分析框架。 "三四三"分别指三大价值、四大机理、三大支撑。三大价值是指加速低碳转型价值、保障系统安全价值、提升经济效益价值；四大机理包含物理层面的纵向转换耦合机理和横向余缺互济机理，以及行业层面的能源行业协同耦合机理和跨行业延伸融合机理；三大支撑是指关键技术支撑、政策体系支撑和市场机制支撑。

（二）价值潜力

(1)"电 - 氢协同"可在一定程度上提升电力系统灵活调节能力，促进新能源消纳利用，助力能源电力系统低碳转型。电制氢设施可作为高度可控负荷，实时追踪新能源波动性出力，扩大新能源消纳空间；燃氢机组可作为带惯量支撑的清洁电源，与电制氢、储氢配合后，满足电力系统跨季节、长周期调节需求。根据典型场景下的测算结果，预计 2030 年"电 - 氢协同"将为新型电力系统贡献 4% 左右的灵活性资源，2060 年有望提升至 30% 以上，为绿色低碳转型提供有力支撑。

(2)"电 - 氢协同"可助力保障系统稳定运行与国家能源安全。电制氢负荷动态响应能力优异，可随时压低出力、缓解保供压力，燃氢机组可在新能源出力不足或负荷高峰期顶峰发电，"电 - 氢协同"可为保障电力系统安全充裕提供一定支撑。随着电能、氢能在终端能源消费中的规模逐步扩大，将在部分场景替代进口石油、天然气，2060 年我国能源整体对外依存度有望降低至 15% 以下。

(3)"电 - 氢协同"可降低整体系统建设成本以及绿氢制备成本，有效提升项目经济效益，并拉动新兴产业投资。"电 - 氢协同"为电力系统灵活性资源提供了更多技术选项，可实现对电化学储能等灵活性资源投资的部分优化替代，节约系统建设成本。"电 - 氢协同"通过将设备的调节价值转化为经济价值，可有效提升项目经济性，根据典型光伏制氢项目的测算结果，"电 - 氢协同"可有效降低绿氢制取成本 20% 以上。此外，"电 - 氢协同"对将新兴产业投资具有一定拉动作用，推动区域协调发展。

（三）关键技术

(1)目前在少数优质资源地的"绿氢"制取成本已降至 20 元/kg 左右，逐渐接近"蓝氢"水平。用电成本是影响绿氢经济性的主要因素。在全生命周期总成本中，电费占比 70%～80%，绿氢项目将逐步向内蒙古、新疆等新能源富集、绿电成本较低的地区聚集。2030 年前后全国绿氢平均成本将降至 20 元/kg

左右。2050 年，绿氢平均成本将降至 10 元/kg 左右，达到灰氢水平。短期来看，绿氢一定阶段内有经济劣势，但考虑到绿色转型和部分企业出口生产要求，叠加灰氢碳排放外部成本，绿氢有望 2030 年之后逐步取代灰氢，迎来规模化发展。

(2) 天然气管网掺氢输送适宜作为过渡方式，未来纯氢管道将成为主流。 天然气管道掺氢输送至终端后，用户需自行配备分离装置，或直接与天然气一同燃烧，并非最经济的利用方式。此外，考虑到终端用户需求不同，大范围应用天然气掺氢技术时，掺氢比例局限于 3%～5%，发展潜力有限。未来氢产业规模化发展情况下，纯氢管道将成为适宜方式。

(3) 储氢是解决氢气平稳供应要求和电解槽波动性运行的关键"调节器"，地下储氢是未来实现跨季节储存和长周期调节的关键。 随着绿氢项目逐步落地，新能源波动性发电制氢将成为常态，储氢成为服务绿氢规模化发展的关键设施。通过配置储氢，化工等行业对氢气平稳供应的要求并不构成对电解槽灵活运行的限制。地下储氢具有规模大、周期长、成本低、安全性高的优势，但目前国内仍处于起步阶段。

(4) 掺氢内燃机技术、纯氢内燃机仍处于开发阶段，预计 2030 年前大容量纯氢燃烧发电技术将迎来突破。 目前，氢发电成本较高，燃氢发电与传统发电手段相比仍不具备经济性。多项高比例掺氢甚至纯氢燃料燃气轮机开发项目正在开发中，2030 年后燃氢发电有望提速发展。

（四）政策体系

(1) 激发绿氢需求。 针对不同区域及行业设置"绿氢"的规模目标；建立"氢谷"可通过规模经济降低成本，扩大"绿氢"应用范围；在政府采购计划中明确规定绿色产品采购量或比例的最低要求；制定电－氢融合的基础设施规划方案，整合电网、氢网的长期规划，以提升能源系统的整体效能。

(2) 完善融资财税激励机制。 为符合"电－氢协同"要求的项目投资方提供优惠贷款、税收抵免、投资补贴及融资服务；设立"电－氢协同"发展基金；通过碳税（或碳价）抬升"灰氢"使用成本，并将相关资金用于奖励"绿氢"生产。

（3）健全认证及相关技术安全标准。明确相关项目发挥"电－氢协同"价值的认证标准；明确制氢（及相关衍生物）过程中的碳排放强度测算标准；为"绿氢"设置生态标签；调整储氢环节的安全标准，完善氢能制、储、输、用全环节的安全与设计标准。

（4）加强技术研发。加强针对电－氢系统协同技术研发方面的资金支持，积极部署电－氢耦合示范工程，结合技术进展情况适时开展"电－氢－电"示范项目。

（五）市场机制

（1）推动现货市场形成可充分反映不同时空电力价值差异的电能量价格信号，引导"电－氢协同"项目积极发挥其调节价值。推动电能量价格充分反映电力的时间价值，体现"电－氢协同"可调节性的能量时移价值；推动电能量价格充分反映电力的位置价值，并向负荷侧传导，引导"电－氢协同"通过项目选址更好发挥能源高效输送作用；推动绿氢负荷报量报价参与电力市场，形成反映电力系统不同时空电力价值的绿电价格，为绿氢提供有效用电价格信号，引导绿电、绿氢协同发展。

（2）推动辅助服务市场反映"电－氢协同"的系统支撑价值。完善"两个细则"，明确电制氢负荷作为主体参与辅助服务市场的准入条件；建立健全辅助服务费用分担共享机制，为"电－氢协同"获得收益创造良好的市场条件，充分体现电制氢、储氢及燃氢机组的调节价值，保证"电－氢协同"项目的经济性与可持续发展。

（3）完善容量补偿机制或容量市场，发挥"电－氢协同"的长时储能潜力。探索在可控电力容量保障机制中考虑紧急容量补充能力，发挥氢储能相对于其他长时可控容量的建设周期较短的特点，提升可控容量资源配置效率。

（六）发展路径

（1）示范探索期（当前至 2030 年）：以"降本增效"为首要目标，以"技术示范"和"场景探索"为关键手段，"电－氢协同"助力电力系统新能源消纳价值逐步凸显。

（2）发展成熟期（2030－2040年）：以"规模化推广"为首要目标，以"协同规划"和"市场机制引导"为关键手段，"电－氢协同"助力季节性电力供需平衡、参与系统长周期调节的价值得以显现。

（3）深度协同期（2040－2060年）：氢能制、储、输、用与新型电力系统源、网、荷、储深度融合。

（撰写人：张丝钰、曹雨晨　审核人：代红才）

1

"电-氢协同"
理念内涵

1.1 电能、氢能关系发展历程

随着能源技术的不断发展，电能和氢能作为具有广泛应用前景的清洁二次能源，越来越受到人们的关注，并且协同关系愈发紧密，其发展历程如图 1-1 所示，大致分为以下三个阶段。

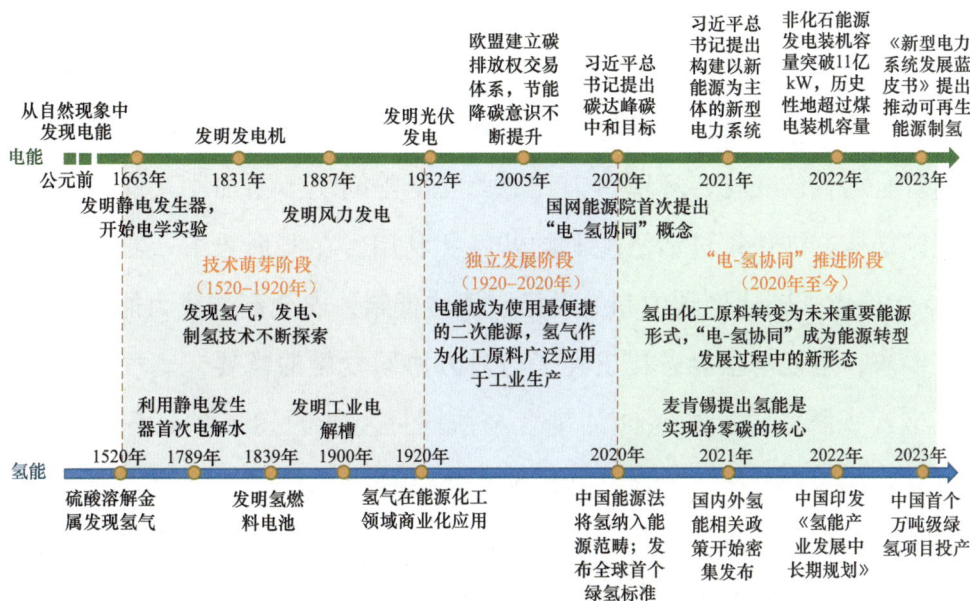

图 1-1 电能与氢能发展历程

(1) 技术萌芽阶段（1520－1920 年）。氢气被发现，电解水制氢、氢燃料电池、新能源发电等技术被发明，电能与氢能在实验室中建立了初步联系。1520 年，瑞士医生、炼金术士 Paracelsus 通过将金属铁、锌和锡溶解在硫酸中发现了氢气。1663 年，德国物理学家 O. Guericke 发明了第一台静电发生器，被很快推广并用于电学实验。1789 年，荷兰科学家 J. R. Deiman 和 A. P. Troost 使用静电发生器首次进行了电解水实验，标志着人类第一次将电能转化为氢能。随后，工业电解槽、风力发电、光伏发电等技术相继发明，使新能源发电制氢在技术层面成为可能。

（2）独立发展阶段（1920－2020 年）。电能成为使用最便捷的二次能源，氢气作为化工原材料广泛应用于工业生产，二者独立发展。 1920 年后，加氢裂化、加氢脱硫等技术商业化，氢气在能源化工领域开始了大规模的应用。1923 年，英国科学家 J. B. S. Haldane 提到，在有风的天气中，多余的电能将用于电解水制氢气和氧气，首次提出新能源制绿氢的构想。受限于技术经济性，电解水制氢成本高昂，氢气主要由煤炭生产，很少作为能源应用。期间电力系统和氢能系统规划、建设、运行各自为政。

（3）"电－氢协同"推进阶段（2020 年至今）。氢能由化工原材料转变为未来重要的能源形式，氢能与电能成为替代煤、油、气等化石能源的可行技术选项。 随着全球气候变化、环境污染和能源安全等问题不断加剧，许多国家开始转变能源结构，加快推进清洁能源的开发和利用。在此形势下，习近平总书记于 2020 年提出了碳达峰碳中和的目标，**清洁低碳、安全高效成为能源体系发展的内在要求，电能与氢能各自出现了与对方协同发展的需要，**氢气再次以能源的属性走入视野，电能与氢能的耦合与协同提上能源发展的日程。2020 年 4 月，国家能源局在《中华人民共和国能源法（征求意见稿）》中，第一次从法律上确认氢能属于能源。2020 年 12 月，中国氢能联盟发布《低碳氢、清洁氢与可再生能源氢的标准与评价》，全球首次提出了绿氢的评价标准，指导氢能产业规范化发展。电能由于清洁高效、使用便捷的特性，在化石能源替代中发挥了重要作用。氢能作为清洁、零排放的能源，具备巨大的发展潜力，随着电氢转换关键技术不断成熟，以及氢能应用场景的拓宽，电能与氢能协同发展必将成为能源发展的重要命题。

1.2　"电－氢协同"发展理念的提出

"双碳"目标下，构建绿色低碳、安全高效的新型能源体系是我国能源转型的关键路径，电能与氢能扮演重要角色。新型电力系统是新型能源体系的重要组成部分，在能源生产侧实施清洁替代，在能源消费侧实施电能替代，再电气化将推动能源清洁高效转型。氢能作为高效清洁的二次能源、灵活智慧的能源载体、绿色低碳的工业原料，可以广泛应用于交通、工业等领域，是用能终端实现绿色低碳转型的重要载体。2022年3月，国家发展改革委、国家能源局联合印发《氢能产业发展中长期规划》，明确了我国氢能产业发展路线图，给出稳健切实的定量展望。电能与氢能将共同作为清洁能源供应体系的重要组成部分，为我国能源体系绿色、安全、经济发展做出更大贡献。

"电-氢协同"发展有望破解新能源大规模发展后电力系统的灵活调节、新能源消纳问题以及能源安全保供问题，二者将以更强的协同耦合关系存在。电能传输效率高、应用范围广、技术成熟、安全便捷，但不易存储；氢能易存储，且具有高密度储存、长期稳定性等优势，两者协同互补可以实现更高效的能源利用。以电制氢、氢燃料电池、燃氢机组等设备为接口和载体，电力系统和氢能系统的关联将日趋紧密。电制氢设施可作为电力系统的灵活性资源，为系统提供调峰、调频服务，助力新能源消纳，为电力系统提供灵活性调节资源。电网基础设施完善，可作为氢能系统供电的可靠备用；且绿电是氢源绿色的重要保障，绿电成本降低将直接助力绿氢成本的降低。电能、氢能应以更强的协同耦合关系存在，为构建新型能源体系做出更大贡献。

国网能源院于2020年底，首次提出了"电-氢协同"，并逐步形成了"三位一体"的发展理念，具体包括：

一是作为能源品种的定位协同。氢、电两套二次能源体系协同发展有望分担新能源消纳和能源保供压力。未来电能和氢能将成为终端最重要的、具有巨大增长潜力的两类清洁能源品种，成为替代煤、油、气等化石能源的可行技术选项。作为两类发展潜力较大的能源品种，二者在替代化石能源使用的场景上具有互补特性，宜发挥各自优势，共同支撑我国能源清洁低碳转型、促进我国能源安全保供。

典型场景

在工业领域，氢气广泛应用于石油化工、煤化工等领域，是制氨、甲醇等的原材料，使用绿氢替代灰氢、蓝氢可以实现化工行业的深度脱碳。在石化方面，氢气与氮气反应可以制氨，与一氧化碳反应可以制甲醇。氨和甲醇既是化工原料，也是优质燃料，可以作为低碳清洁的替代能源。在煤化工方面，煤炭高压加氢可以转化为各种气体燃料、人造石油以及化学产品等，实现电解水制氢与高端煤基新材料产业链有效融合。氢气在工业生产环节中也可以用于燃烧加热，替代燃烧化石能源制热和电制热。

在交通领域，目前氢燃料电池汽车是交通领域的主要应用场景，与电动汽车共同实现化石能源替代。相比于电动汽车，氢燃料电池车具有加气速度快、里程长的优势。截至 2022 年，我国氢燃料电池汽车保有量约为 1.32 万辆，货车为 7847 辆，客车为 5402 辆。据预测，2050 年我国氢能汽车占比将超过 50%。目前氢能动力船舶、飞机已经完成试航、试飞，距离商业化应用尚有一段距离，未来氢能在交通领域将进一步替代汽油、柴油。

二是基于物理耦合的系统协同。从能量转换过程来看，可分为电-氢、氢-电"单向耦合"和电-氢-电"双向耦合"三种协同模式，分别可作为电力系统的可调节负荷、可靠清洁电源和长周期储能。在电-氢"单向耦合"协同模式中，发挥电制氢设施运行功率灵活可调的优势，可直接追踪新能源波动性出力，就近消纳利用新能源；或接入电网后，参与大电网调峰，助力大电网新能源消纳。氢-电"单向耦合"是通过氢能电站协同掺氢/纯氢燃气轮机，在新能源出力不足或系统供需紧张时提供可靠出力，并可为电力系统保留转动惯量。电-氢-电"双向耦合"是依托储氢作为大规模、长周期储能，结合燃氢发电解决连续数日新能源出力不足或月、季等长时间尺度调节问题，成为支撑新能源大规模发展后新型电力系统的灵活调节和全时段电力电量平衡的重要手段。

典型场景

电制氢设施追踪新能源波动灵活调节，提升电力系统灵活性，促进新能源消纳。目前新疆库车绿氢项目已实际验证碱性电解槽可实现20%~100%的功率灵活调节，按5min时间尺度追踪新能源波动运行，未来有望按照分钟级追踪。随着技术发展，电解槽可调节功率范围还将持续扩大，特别是质子交换膜（PEM）技术最高可按照额定功率的120%~160%运行，可实现秒级调节，有望成为新型电力系统的重要灵活性资源。

氢燃料、甲醇燃料电池发电，以及纯氢、掺氢、掺氨燃气轮机发电，可以发挥氢能长周期储存的作用，满足区域电网调峰需求。在风光大发时电解水制氢储存，在电力供应紧张时，利用氢能发电。并且，燃料电池与燃气轮机具有快速响应的能力，可以参与辅助服务市场，为电网提供灵活性。受限于绿氢发电要经历电-氢-电的转换，目前技术水平下效率仅30%~40%，氢能在电力行业的应用尚处于示范阶段。

三是立足产业布局的产业链协同。新型电力系统产业链和氢能产业链的有机融合是实现更大范围内价值创造的必要支撑。当前发电、石化、设备制造等多元化背景企业布局氢产业的出发点和侧重点不尽相同。如何有效激发相关企业参与积极性，需从产业链视角进行研究与布局，与不同利益主体共建协作生态。

典型场景

发电集团将氢能视为未来能源转型的重要突破口，投入巨资押注氢能。国家电投是最早布局氢能产业的央企之一，成立国氢科技有限公司，主营以氢燃料电池为核心的氢能关键技术开发与产业化项目。国家能源集团牵头成立中国氢能联盟，将核心技术研发和产业链整合相结合。三峡集团将绿氢与煤化工相结合，建设内蒙古鄂尔多斯市纳日松光伏制氢产业示范项目，风光制氢供应下游煤制烯烃产业。

化工企业对氢气的生产利用具有丰富经验，目前大力发展新能源制绿氢，替代产业链下游的灰氢。中石化以建设中国第一大氢能公司为目标，提出在"十四五"期间加快发展以氢能为核心的新能源业务，投资建设的新疆库车、中原油田等多个绿氢示范项目已投入运行，提出的西氢东送管道方案纳入规划。国家能源集团国华投资建设的宁东可再生氢碳减排示范项目已投运，包括化工、交通多场景一体化协同耦合的商业化运营示范。宝丰能源借助西北地区新能源、煤炭资源丰富的优势，投资的 300 万 t 绿氢耦合煤制烯烃项目已经在建。

电能与氢能之间存在天然的协同关系，绿电❶是绿氢❷的基础和保障，绿氢是助力绿电消纳利用的重要灵活性资源。曾经氢能的生产主要以煤制氢为主，和电力系统几乎没有协同关系。随着新能源装机容量的快速提升，以及电解水制氢技术的日益成熟，利用光伏、风电所发出的电能可以作为电解水制氢的能量来源，电制氢将成为未来氢能的主要制取方式，电能与氢能的协同关系不断增强。

未来，电力系统的"发输配用"与氢能系统的"制储输用"全面耦合，"电－氢协同"实现电力系统与氢能系统在多维度、多层次上的互利共赢。作为未来具有广泛应用前景的两类二次能源，电能和氢能都是风、光等清洁一次能源的消纳配置载体。电能和氢能在能源系统中都扮演着能源转换枢纽的角色，

---

❶ 绿电：在生产电力的过程中，它的二氧化碳排放量为零或趋近于零，相较于其他方式（如火力发电）所生产的电力，对于环境冲击影响较低。绿电的主要来源为太阳能、风力、生质能、地热等，中国主要以太阳能及风力为主。

❷ 绿氢：利用可再生能源分解水得到的氢气，其燃烧时只产生水，从源头上实现了二氧化碳零排放。

可以将风、光等清洁一次能源转化为二次能源，供应各场景下的终端需求。并且，风、光等清洁能源具有波动性和不确定性，其产生的能量不稳定且不连续。通过将其转化为电能或氢能，可以实现能源的调控和储存，使其能够满足用户的用能需求。

1.3 "电-氢协同"分析框架

面对新能源的高度波动性和不确定性等特点，"电-氢协同"可有效推动多种能源方式互联互济、源网荷储深度融合，突破可再生能源的发展限制，助力新型电力系统与新型能源体系建设。基于"三位一体"的发展理念，应进一步明确"电-氢协同"的价值作用，以及为推动"电-氢协同"价值作用的充分发挥，所需要的机理模式与支撑手段。根据此逻辑进行梳理，形成如图 1-2 所示的"三四三"分析框架，主要包含三大价值、四大机理、三大支撑。

三大价值：一是加速低碳转型，电制氢设备功率可以跟随新能源出力快速调节，促进新能源消纳、有效缓解弃风弃光现象。电制氢设备、燃氢机组作为"电-氢协同"系统的关键耦合节点，具备可调节潜力，可有效提升电力系统灵活调节能力。**二是保障系统安全**，电制氢设备可以在用电高峰时段削负荷，燃氢机组可以作为电力系统带惯量支撑电源，提升电力系统安全充裕水平。此外，"电-氢协同"将推动电能、氢能在终端的规模化应用，在部分应用场景替代进口石油、天然气，助力我国实现能源自给自足。**三是提升经济效益**，"电-氢协同"可降低电力系统对电化学储能等灵活性资源的需求，节约电力系统建设成本。此外，将带动产业链上下游快速发展，拉动新兴产业投资，对促进经济高质量发展具有重要意义。

四大机理：物理层面，从纵向看，一是转换耦合机理，通过电制氢与氢发电设备，电能与氢能之间可以灵活转换，电力系统与氢能系统建立耦合关系。**从横向看，二是余缺互济机理**，储电与储氢互补，可以借助储氢规模大、成本

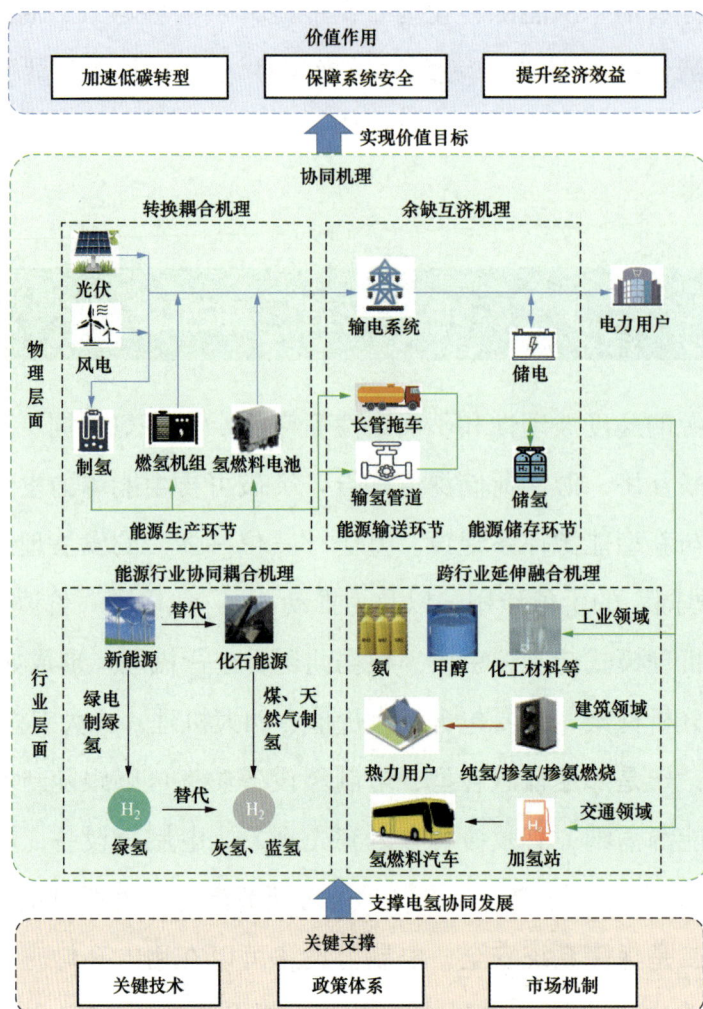

图 1 - 2　"电 - 氢协同"框架体系

低的优势，实现储能长时间尺度调节。输电与输氢互补，可以通过远距离管道输氢缓解特高压输电走廊紧张的问题，有助于能源跨区域平衡。**行业层面，三是能源行业协同耦合机理**，电力行业与氢能行业协同发展、互相带动，产生新业态，促进形成新质生产力。**四是跨行业延伸融合机理**，氢气在工业、交通、建筑等领域具有广泛应用，"电 - 氢协同"系统可以实现与下游产业的深度融合，通过绿电制绿氢实现下游产业深度降碳。

　　三大支撑：一是关键技术支撑，研发和采用新的或改进的技术，可以实现更高效、更环保、更经济的电力和绿氢生产、储存和转换。**二是政策体系支撑,**政策体系是推动"电-氢协同"发展的重要因素。政府可以通过制定和实施各种政策,例如财政补贴、税收优惠、技术标准和法规等,来支持"电-氢协同"的发展。**三是市场机制支撑,**市场机制可以促进"电-氢协同"的可持续发展,通过建立电力和氢能的市场价格机制,形成合理的价格信号,以引导投资和创新。

1.4 "电-氢协同"机理

在"电-氢协同"的系统层面中,电力系统的源、网、荷、储与氢能系统的制、储、输、用等环节存在复杂的协同关系,涉及能源的转换与互补。**"电-氢协同"协同机理主要有四种,可以分为物理层面和行业层面,**物理层面描述的是电能与氢能在系统设备上的耦合与协同,行业层面描述的是电能与氢能不仅在能源行业内有协同关系,还通过下游应用场景进行跨行业延伸。

在物理层面,从纵向看包含转换耦合机理,从横向看包含余缺互济机理。**转换耦合机理**发生在能源生产环节,包括新能源电解水制氢,以及氢气通过燃料电池或燃氢机组,如图1-3所示。**通过能源的转换耦合,氢能系统为电力系统提供灵活性支撑,电力系统保障氢能生产。**对于电力系统来说,随着电力市场的完善,未来电解水制氢可以作为可调节负荷参与响应获得收益,平抑新能源出力波动性,促进新能源消纳。未来燃氢机组、氢燃料电池技术成熟后,氢

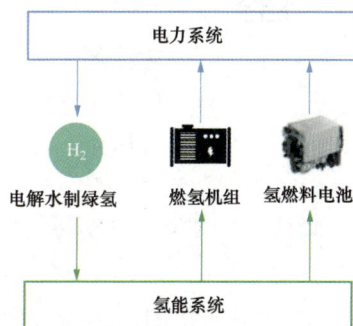

图1-3 转换耦合机理

15

能亦可作为长周期储能和分布式电源，在关键时刻支撑电力系统稳定运行。对于氢能产业来说，电力系统可以为新能源发电制氢厂商提供电源备用，在新能源出力不足时，保障氢气生产。推动电、氢两个系统协同规划与运行，可以更好促进波动性新能源的消纳利用，提高能源基础设施投资与运行效率。

余缺互济机理发生在能源输送、储存环节，如图 1-4 所示。电能来源广泛、传输经济安全、易于转换，氢能绿色清洁、灵活高效、易于存储，可充分发挥互补作用实现能源跨区域配置、跨周期调节。**在能源输送环节，输氢有望成为输电的补充，与电网协同组成新能源多元化输送体系**。目前，新能源主要以电能的方式通过特高压线路输送，从单位能量输送成本来看，中长距离输电整体优于输氢❶。在电源侧灵活性资源严重不足、负荷侧氢能需求较大并且难以通过本地制氢来满足的情况下，输氢可能具备一定竞争力。因此，输电、输氢可通过商业模式和运行方式创新，在新能源大基地形成耦合优化输送模式，助力改善特高压线路输送高比例新能源面临的通道利用率和新能源利用率难以兼顾的问题，缓解电网外送新能源的压力。**在能源储存环节，电化学储能与氢储能的协同可以实现能源长时间、大规模地储存，提升新能源消纳能力**。氢储能具有储能容量大、储存时间长、成本低的特点，存储特性与电化学储能互

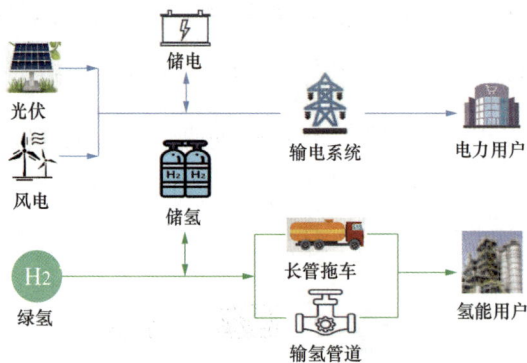

图 1-4　余缺互济机理

---

❶ 基于输送单位能量的经济性比较，总体来看中长距离输电更优，短距离输氢具有一定优势，在不同参数场景下临界点在 300～500km。

补。一方面，通过电解水制氢技术实现氢能与新能源之间的转化，可以平抑可再生能源波动性，促进新能源消纳。另一方面，结合氢储能储存时间长与电化学储能响应速度快的特点，通过构建"电－氢协同"的混合储能系统，可以实现全社会负荷从秒级到季节的输出特性平移与优化。

行业层面，包含能源行业耦合机理和跨行业延伸融合机理。能源行业耦合机理是指电力和氢能行业耦合使氢气更加绿色，并产生新业态，促进形成新质生产力。如图 1-5 所示，目前氢气主要通过煤炭、天然气制取，绿氢代替灰氢❶、蓝氢❷可以降低化石能源消费，助力实现碳达峰碳中和目标。同时，产业链相关企业跨行业布局，产生氢能网络、多能站、多能微网等新业态。例如，中石油在输氢管道、加氢站等方面进行布局，借现有天然气管道研发掺氢、纯氢输送技术，规划 2035 年构建连通"三北"地区的氢能网络。2022 年 12 月，国家电网公司氢电耦合直流微网示范工程在宁波慈溪建成，形成集科研、制取、储运、交易、应用一体化的氢能产业体系。

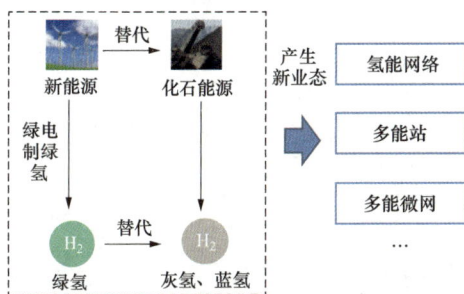

图 1-5　能源行业耦合机理

跨行业延伸融合机理是指氢气发展及多元化利用方式将加强电力与化工等行业的耦合程度，发挥氢能产业链新价值。如图 1-6 所示，氢的转换渠道和转换场景非常丰富，通过电转氢转其他能源等 P2X 的形式，可成为连接电力行业与其他终端消费行业的重要媒介。特别是氢制取的氨、甲醇等，与氢一样既可

---

❶ 通过化石燃料燃烧产生的氢气，在生产过程中会有大量二氧化碳排放。

❷ 在灰氢的基础上应用碳捕捉、碳封存技术，实现低碳制氢。

作原料也可作能源使用，可发挥氨、甲醇较氢更易储运和应用的优势，也延伸了"新能源－电－氢－氨/醇"的能源载体价值链条。并且，氢能系统可充分利用电网基础设施完善的优势，发挥其平台枢纽作用，实现与下游工业、建筑、交通等行业的深度耦合，加速下游行业的脱碳进程。

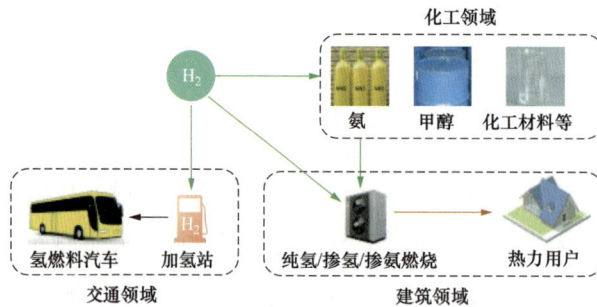

图 1-6　跨行业延伸融合机理

（本章撰写人：曹雨晨　审核人：刘林）

2

"电－氢协同"
价值潜力

本章将从定量角度出发，测算"电－氢协同"的价值潜力，以"边界条件确定－模型及算例构建－结果分析"为基本思路，得出"电－氢协同"在加速低碳转型、保障系统安全、提升经济效益等方面的价值潜力。

2.1 测算思路

首先，基于长期能源替代规划系统模型（The Long-range Energy Alternatives Planning System，LEAP）和多区域电力源－网－荷－储协调规划模型，分析得出氢能及电力系统发展趋势。基于 LEAP 模型，开展氢能需求预测，重点研判关键水平年我国工业、交通、建筑等终端部门的氢能需求以及供给结构的演化趋势；基于多区域电力源－网－荷－储协调规划模型，结合 LEAP 模型给出的电力需求预测结果，对规划期内各区域的各类电源、跨区输电通道等进行统筹规划，得出中国电力系统发展路径。**将得出的电、氢发展趋势作为"电－氢协同"价值潜力测算的边界条件。**

其次，构建系统级和项目级算例，分别从宏观和微观角度出发测算"电－氢协同"价值潜力。宏观系统级算例重点针对全国华北、华东、华中、东北、西北、西南、华南七个区域级系统，微观项目级算例重点针对典型新能源制氢项目，分别构建"电－氢协同"与"电－氢不协同"典型情景，基于构建的模型开展"电－氢协同"规划优化与生产模拟。

最后，构建包括"加速低碳转型""保障系统安全""提升经济效益"三方面价值的关键价值指标分析体系，以宏观系统和项目算例结果为依据，量化分析各指标，得出"电－氢协同"价值潜力。以灵活调节能力、新能源消纳利用率为关键指标，表征"电－氢协同"对助力能源电力系统低碳转型的价值作用；以能源整体对外依存度为关键指标，表征"电－氢协同"对保障系统稳定运行与国家能源安全的价值作用；以系统建设成本、绿氢制备成本、新兴产业投资为关键指标，表征"电－氢协同"对提升项目经济效益与经济社会发展的带动价值。

整体测算思路如图 2-1 所示。

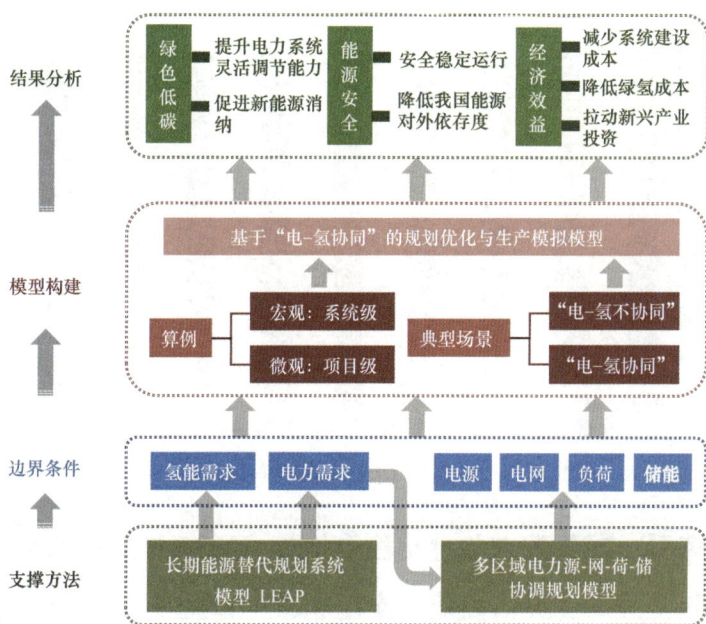

图 2-1   "电-氢协同"价值潜力测算思路图

2.2 电氢发展边界条件

2.2.1 氢气供需发展

从供给侧来看，**当前主要以化石能源制氢为主，未来化石能源制氢占比将逐步下降，2045 年之后电解水制氢将占据主体地位**。2020 年我国氢气产量约 3342 万 t，占世界氢气产量的近 1/3，是世界第一产氢大国。氢气主要来源为煤制氢、天然气制氢、工业副产氢和电解水制氢，分别占比 64%、14%、21% 和 1% 左右，如图 2-2 所示。2030 年之后，煤制氢、天然气制氢的总占比将下降至 60% 左右。2030 年之后，随着电解水相关技术的不断成熟，电解水制氢项目逐步由试点示范阶段步入商业化推广阶段，项目数量、规模显著上升，电解水制氢占比将在 2045 年上升至 54％左右，占据供氢结构的主体地位，2060 年将上升至 75％左右。

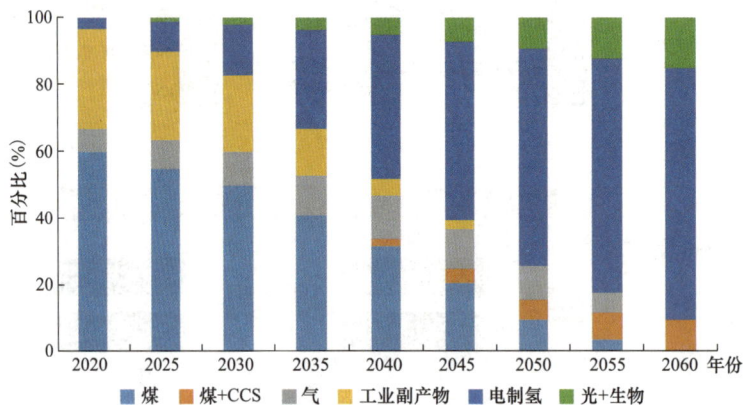

图 2-2 氢气供给结构演化趋势

从需求侧来看，氢气需求总量将稳步增长，2030 年后增速加快。氢作为一种来源广泛、清洁无碳、灵活高效、应用场景丰富的二次能源，是推动传统化石能源清洁高效利用和支撑可再生能源大规模发展的理想媒介，也是实现交通运输、工业等领域大规模深度脱碳的重要选择。如图 2-3 所示，预计 2030、2040、2060 年全国氢气需求总量将从 2020 年的 3342 万 t 逐步增长至 3900 万、6100 万、1.3 亿 t 左右，2030 年后产业发展加速明显。

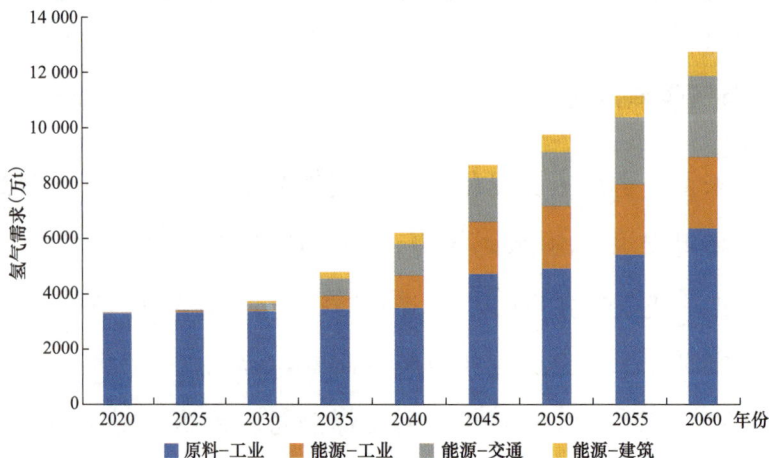

图 2-3 我国氢能终端消费发展趋势

分行业来看，近期氢气主要作为原料应用于化工及炼化行业，**2030** 年之后氢气作为燃料应用于工业和交通部门的比重将显著上升。当前至 2030 年，氢气主要作为原料用于化工行业，包括氨和甲醇的生产、炼化等。之后，工业领域的氢气需求增量主要是作为高品位热源或还原剂应用于高能耗的水泥、钢铁、炼化等行业，氢气作为能源在工业部门利用规模将从 2030 年的约 50 万 t 上升至 2060 年的约 2100 万 t，占氢气总需求的 16% 左右。交通领域将是氢能消费的重要突破口，氢燃料电池汽车以客车、物流车和重型卡车等重载、长距离车辆为主，氢能利用规模从 2030 年的约 220 万 t 上升至 2060 年的约 3500 万 t，占氢气总需求的 28% 左右。氢气作为能源利用将逐步成为氢气需求的重要组成部分。

氢能将成为电能替代的有益补充，预计 **2060** 年在终端能源结构中的占比超过 **10%**，成为终端用能清洁化、多元化转型的重要组成部分。2030 年，氢能作为能源利用的终端消费量上升至约 335 万 t。2040 年逐步上升至约 2500 万 t，在终端能源消费占比约为 3%；2060 年进一步上升至约 6400 万 t，在终端能源消费占比约为 12%。**分区域来看，西北地区的绿氢需求最大，华北和华东次之，与我国化工、钢铁等高耗能产业的分布基本一致。**在氢能产业发展初期，由于储运瓶颈仍未得到突破，区域内绿氢产消结合的经济性优势明显，西北、华北、华东等地区本地需求旺盛，将成为绿氢规模化发展的排头兵，如图 2 - 4 所示，但整体来看，各区域需求差距不大。随着储运技术瓶颈的突破及成本

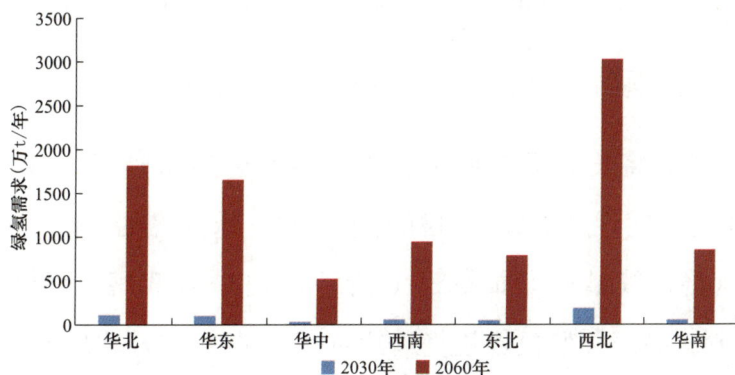

图 2 - 4　各区域绿氢需求分布

的下降，西北地区由于具备化工产业的巨大需求以及绿电资源与成本优势，将成为绿氢的最大消费地，远高于其他地区。

2.2.2　电力供需发展

全社会用电量和最大负荷需求持续增长，但增速逐步放缓。我国已转向高质量发展阶段，经济长期向好，经济发展将带动电力需求持续增长。此外，为实现温室气体和污染物减排，并进一步提升终端能源利用效率，电力将在能源转型中发挥愈加重要的作用。如图 2 - 5 所示，预计 2030、2040、2060 年全国全社会用电量将从 2020 年的 7.5 万亿 kW·h 增长至 12 万亿、15 万亿、17 万亿 kW·h 左右，最大负荷将从 2020 年的 11.7 亿 kW 增长至 20 亿、26 亿、29 亿 kW 左右。

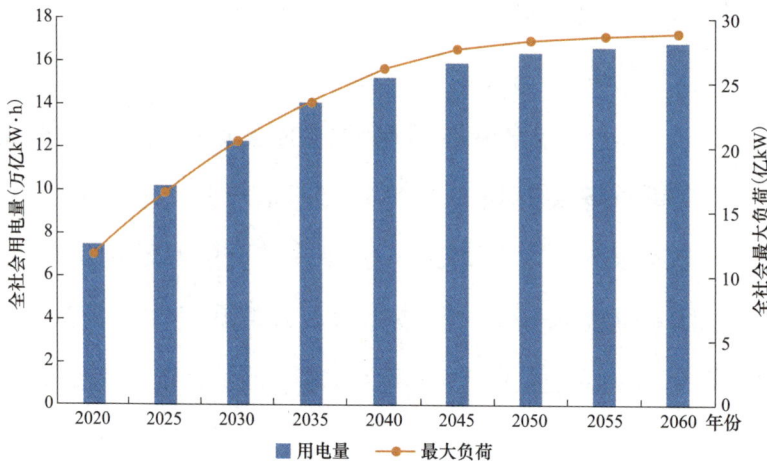

图 2 - 5　2020—2060 年我国全社会用电量走势

电源装机容量将长期保持增长，中长期增速逐步趋缓，2060 年增至约 66 亿 kW。电力是实现"双碳"目标的主力军，随着终端电能替代持续推进，我国电源装机将持续增长。如图 2 - 6 所示，2020 年我国电源装机容量约为 22 亿 kW，预计 2030 年装机容量将达到 40 亿 kW 左右，此后电源装机增速逐步趋缓，2040 年将达到 52 亿 kW，2060 年达到约 66 亿 kW（不含新型储能）。

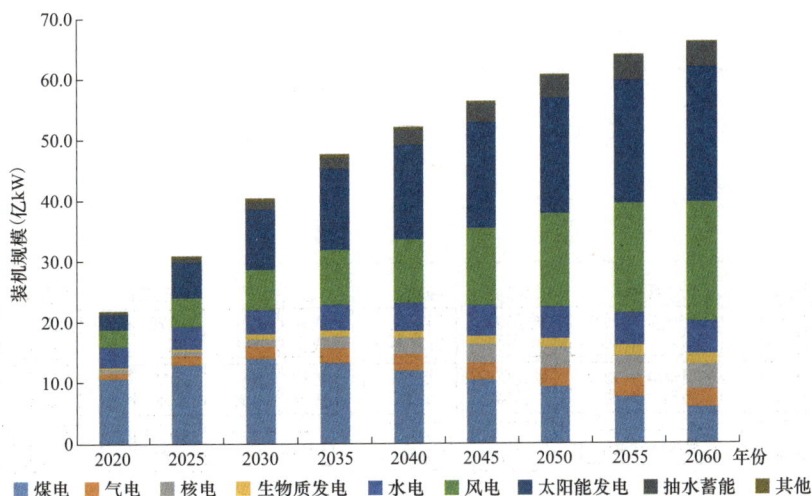

图 2-6　2020—2060 年各类电源装机容量❶

2.3　典　型　场　景

本节系统阐述了宏观系统级算例和微观项目级算例的边界条件设定和比选方案设计思路。**通过宏观系统级算例，研判"电－氢协同"对主要区域规划层面的影响**，具体包括电制氢、储氢、燃氢机组等设备的发展规模等，为系统灵活性资源等绿色低碳类指标、能源对外依存度等系统安全类指标以及系统建设成本等经济效益类提供测算依据。**通过微观项目级算例，研究"电－氢协同"程度对典型项目运行与运营的影响**，为绿氢制备成本、项目净现值等经济效益类指标提供测算依据。

2.3.1　宏观系统级场景

宏观系统级算例重点针对区域级系统开展"电－氢协同"规划优化与生产模拟。

---

❶　此处未包含新型储能容量，燃氢发电机组将作为待规划变量，图中未体现，结果在 2.4 节中展示。

整体模型思路如图 2-7 所示，具体来看，选择 2030、2060 年作为关键水平年，以该年某区域的电源规划结果及跨区输电线路规划结果作为核心边界条件，对电化学储能、电制氢、储氢、燃氢机组等设备进行容量规划与四季典型周的生产运行模拟。

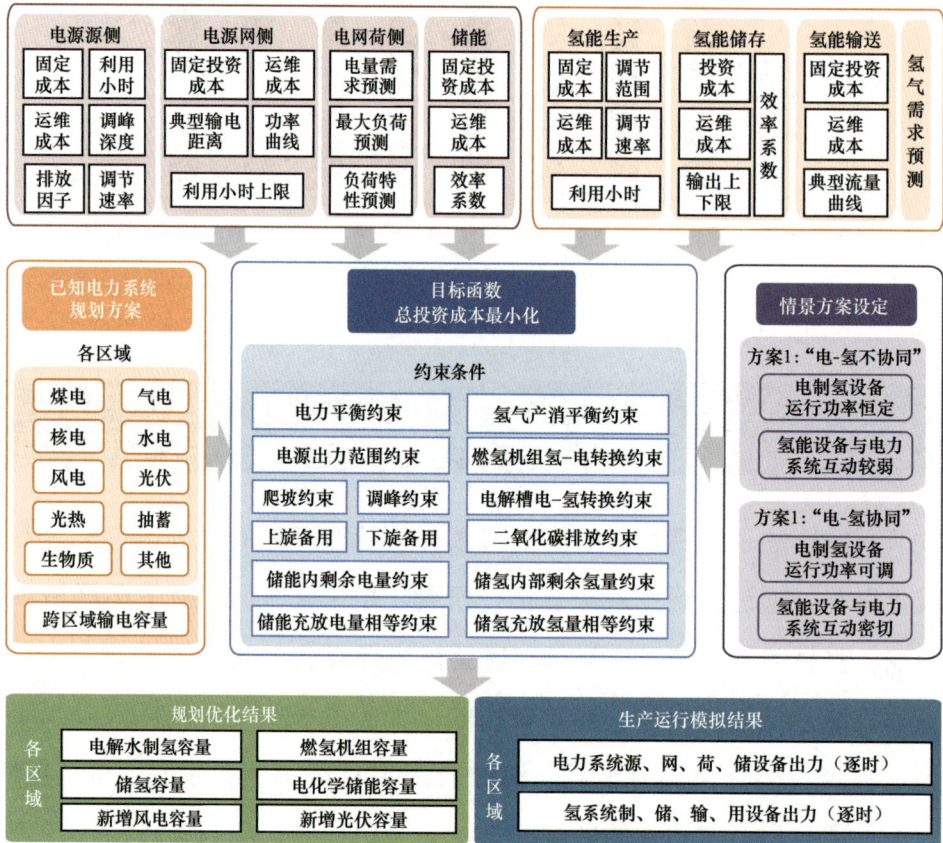

图 2-7 宏观系统级模型示意图

比选方案包括"电-氢不协同"与"电-氢协同"方案。在"电-氢不协同"方案中，电制氢、储氢、燃氢机组等氢能设备不与电力系统协同互动，电制氢负荷的运行方式为恒功率运行，供氢功率为恒定曲线，以模拟化工、建筑、交通等部门对氢气的稳定需求。在"电-氢协同"方案中，电制氢、储氢、燃氢机组等氢能设备与电力系统实现协同互动，电制氢负荷为可调节负荷，可与储氢、燃氢机组等配合参与电力系统调节,但对外供氢功率仍为恒定曲线,保证与"电-氢不协同"方案的可比性。

通过规划优化,可以输出 2030、2060 年各区域电制氢、储氢、燃氢机组设备的装机容量。通过生产模拟,可以输出四季典型周内各设备逐时的出力。基于上述结果,可进行系统灵活性资源、系统建设成本等参数的详细计算。在此基础之上,通过"电-氢协同"与"电-氢不协同"方案的测算结果对比,论证"电-氢协同"的价值潜力。

2.3.2 微观项目级场景

微观项目级算例重点针对典型新能源制氢项目开展"电-氢协同"规划优化与运行方式模拟。整体模型思路如图 2-8 所示,以年产能 2 万 t 的光伏制氢项

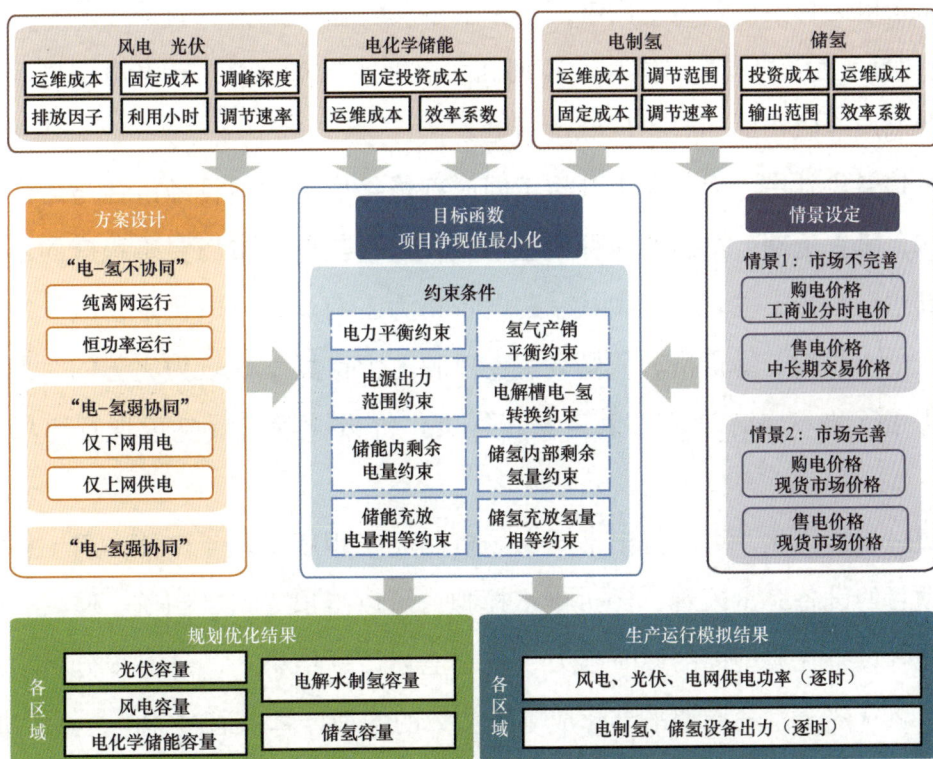

图 2-8 微观项目级模型示意图

目为测算标的，通过对项目配置光伏发电、电制氢、储氢等设备配置容量的规划优化，以及不同市场条件下的设备运行方式的模拟计算，分析不同"电－氢协同"模式下的设备运行特性与项目经济性。

比选方案包括"电－氢不协同""电－氢弱协同"与"电－氢强协同"三种。"电－氢不协同"方案包含两个子模式，一是离网模式，即基于自建光伏与风电电站、电化学储能、储氢，完全依靠绿氢项目自身实现调节，保证系统独立运行以及对外供氢的功率平稳；二是恒功率模式/稳定模式，即基于自建光伏与风电电站以及电网供电，完全依靠大电网实现调节，保证电制氢设备的运行功率平稳。"电－氢弱协同"方案也包含两个子模式，一是新能源制氢项目作为电力用户，仅从电网购电，新能源发电不上网，依靠自建光伏、风电电站以及从电网购电，保证对外供氢的功率平稳；二是光伏制氢项目作为发电商，自建新能源富余电力可上网，但上网电量小于全年发电量的 20％，且原则上不从电网购电。"电－氢强协同"方案中，夜间在大电网风电富裕时，抬升电解槽运行功率，赚取调峰收益的同时实现低价用电。

在情景设计中，为了深入分析不同时刻峰谷价差对项目经济性与运行特性的影响，设置近期、中远期两种典型情景，以覆盖电力市场完善程度的不同情况。其中，情景 1 主要基于现状，购电价格为工商业分时电价，售电价格参考带曲线的中长期交易价格。情景 2 主要反映电力市场发展较为完善的时期，电价可直接反映不同时段电力供需紧张程度，价格设置主要参考现货市场出清价格。

经过规划优化，可以得出不同市场机制完善程度下，年产能 2 万 t 新能源制氢项目的设备容量配置；经过生产模拟，可以得出光伏、制氢、储氢、电化学储能等设备在典型周的逐时出力。基于上述计算结果，可进一步分析项目净现值、氢气的全生命周期平准化成本等参数的详细计算。通过"电－氢不协同""电－氢弱协同"与"电－氢强协同"方案的测算结果对比，论证"电－氢协同"的价值潜力。

2.4 价值测算结果

基于模型优化结果，构建表征"电-氢协同"三大价值潜力的指标体系。如图 2-9 所示，以系统灵活调节能力和新能源消纳利用率为指标，表征"电-氢协同"对加速低碳转型的价值作用；以电力系统充裕水平以及能源整体对外依存度为指标，表征"电-氢协同"对保障系统安全的价值作用；以系统建设成本、绿氢制备成本和新兴产业投资为指标，表征"电-氢协同"对提升项目经济效益的价值作用。

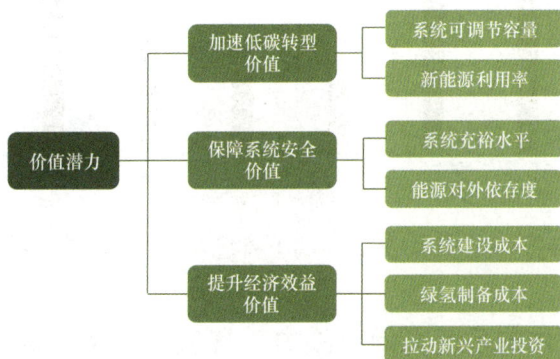

图 2-9 表征"电-氢协同"价值潜力的指标体系

2.4.1 加速低碳转型价值

（1）提升电力系统灵活调节能力。提升电力系统灵活调节能力体现在系统可调节容量潜力，主要由电制氢设备和燃氢机组为电力系统贡献灵活性资源。

1）电制氢设备提供的系统可调节潜力。电制氢设施动态响应特性优异，可作为高度可控负荷，为电力系统提供可观的灵活调节潜力。预计 2030 年和2060 年，电制氢设备容量将分别达到 0.6 亿～1 亿 kW 和 7.5 亿～11.8 亿 kW。如图 2-10 所示，西北地区凭借其化工产业基础和新能源富集的优势，电制氢装机规模最大，华北、华东次之。2060 年西北地区的电制氢装机规模为 1.9 亿～2.9 亿 kW，华北、华东分别为 1.7 亿～2.6 亿 kW 和 1.3 亿～1.9 亿 kW。结合设备运行功率的理论可调节范围❶，以及市场机制与商业模式可行性，预计 2030 年电制氢可为电力系统提供理论可调节潜力为 0.3 亿～0.5 亿 kW，2060 年有望增长至 7.1 亿～11.2 亿 kW。

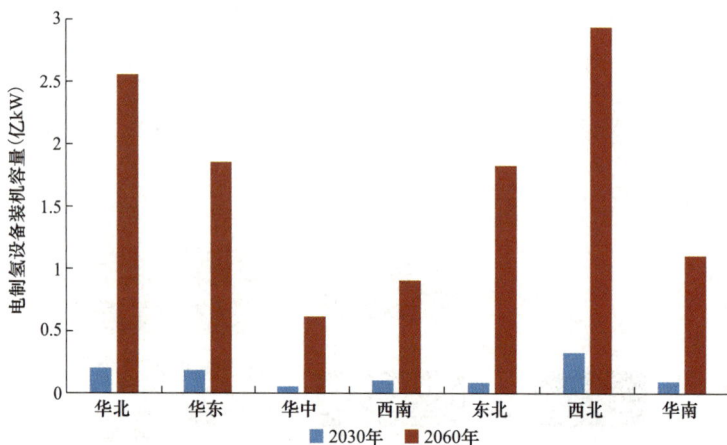

图 2 - 10　快速发展预期下各区域电解槽装机容量

2) 燃氢机组提供的系统可调节潜力。燃氢机组可作为带惯量支撑的清洁电源，与电制氢、储氢配合后，满足电力系统跨季节、长周期调节需求。 短期来看，燃氢发电技术尚未成熟、处于初期示范阶段，且系统对长周期储能需求有限，预计 2030 年后燃氢机组逐步迎来规模化发展。远期来看，2060 年燃氢机组装机容量有望达到 0.8 亿～2.0 亿 kW，发电量为 0.2 万亿～0.4 万亿 kW·h，与电制氢、储氢协同运行，破解电力系统周、月、季等长时间尺度调节问题。快速发展预期下，2060 年各区域燃氢机组装机容量如图 2 - 11 所示。

"电 - 氢协同"将为系统贡献可观的灵活性资源，提高电力系统源端就近抵消新能源波动的能力，为绿色低碳转型提供有力支撑。 传统电力系统的灵活性

---

❶　根据国际机构发布的报告[1-3]，当前电制氢的可调节范围为额定功率的 20％～120％，2030 年将上升至 5％～160％额定功率，远期将扩大至额定功率的 5％～200％。

资源包括煤电、气电、水电及抽水蓄能等，未来灵活性资源的形式日益多元，电制氢设备可作为高度可控负荷，燃氢发电机组可作为带惯量支撑电源。快速发展预期下，2060年各区域系统灵活性资源如图2-12所示，预计2030年"电-氢协同"将为新型电力系统贡献4%左右的灵活性资源，2060年有望提升至30%以上。

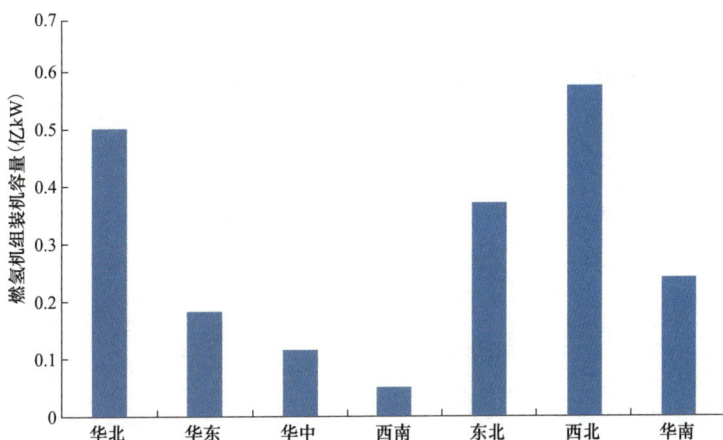

图2-11 快速发展预期下2060年各区域燃氢机组装机容量

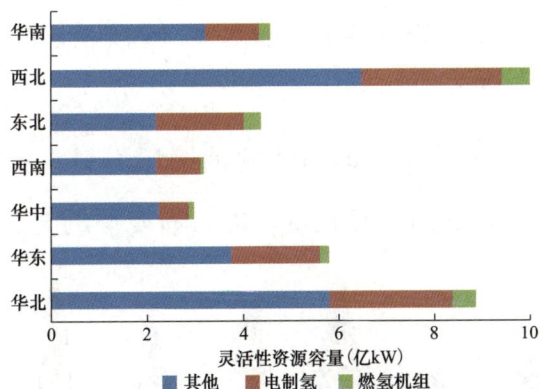

图2-12 快速发展预期下2060年各区域系统灵活性资源

(2) 促进新能源消纳利用。通过电制氢运行功率与新能源出力波动的紧密耦合，可实时追踪新能源波动性出力，扩大新能源消纳空间。氢能可以成为新型电力系统消纳新能源的大容量载体，电制氢产生的可时移电量需求将扩大新能源消纳空间。在快速发展预期下，制氢电量需求及清洁能源消纳空间如表 2 - 1 所示，预计 2030、2060 年我国制氢用电量有望达到 0.3 万亿、4.0 万亿 kW·h，按清洁电量输入比例的中情景（分别占比 50％和 80％）测算，则可创造灵活消纳空间 0.1 万亿、3.2 万亿 kW·h，分别占届时全国清洁能源发电量的 3％、22％左右。

表 2 - 1   制氢电量需求及清洁能源消纳空间

年份	制氢电量需求 （万亿 kW·h）	清洁电量 输入比例	清洁能源灵活消纳 空间（万亿 kW·h）	占清洁能源 发电量比例
2030	0.3	低情景（40％）	0.1	1.8％
		中情景（50％）	0.1	2.6％
		高情景（60％）	0.2	2.9％
2060	4.0	低情景（70％）	2.8	19.5％
		中情景（80％）	3.2	22.3％
		高情景（90％）	3.6	25.1％

通过电制氢设备的运行方式与新能源出力的紧密耦合，能够促进新能源充分消纳利用，有效缓解弃风、弃光现象。以西北地区为例，"电－氢协同"场景下西北地区春季典型周内主要设备出力如图 2 - 13 所示，"电－氢协同""电－氢不协同"场景下的弃风弃光情况如图 2 - 14 所示。在"电－氢协同"场景下，电制氢设施将集中在净负荷低谷，即新能源消纳压力最大的午间时段满功率运行，一方面可以显著降低弃风、弃光量，助力新能源的充分消纳，以灵活可控

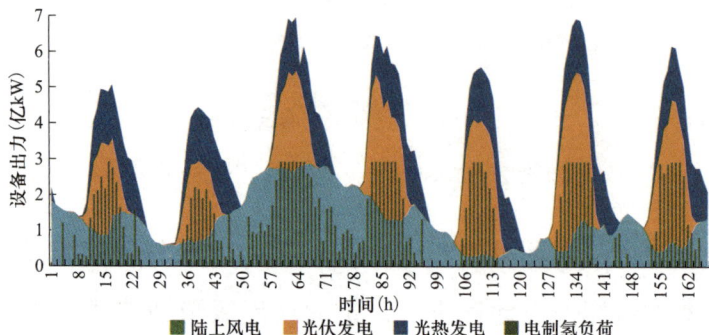

图 2 - 13   "电－氢协同"场景下西北地区春季典型周内主要设备出力

负荷形式充分利用富裕新能源制氢，提升新能源综合利用率；另一方面还可满足终端的绿氢需求。在其余时段，电制氢则根据新能源出力变化与负荷波动情况适当降低功率运行。

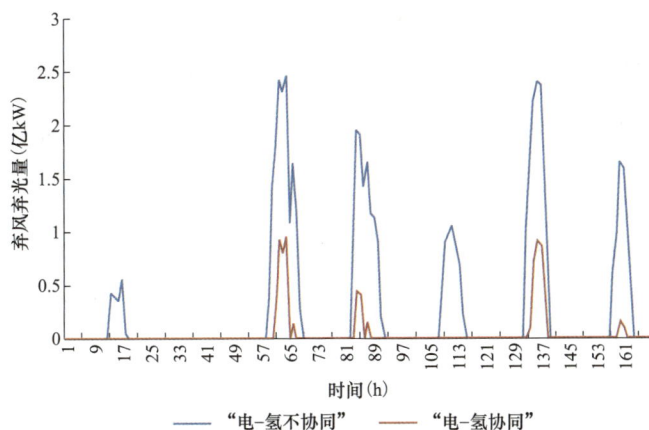

图2-14 "电－氢协同"、"电－氢不协同"场景下西北地区春季典型周内弃风弃光对比

2.4.2 保障系统安全价值

（1）提升电力系统安全充裕水平。电制氢负荷可随时压低出力、缓解保供压力，燃氢机组可在新能源出力不足或负荷高峰期顶峰发电，"电－氢协同"将助力各区域系统充裕水平的提升。某新能源基地在光伏连续数日出力不足场景下的主要设备出力如图2-15所示。当发生连续阴雨天气时，光伏连续数日出

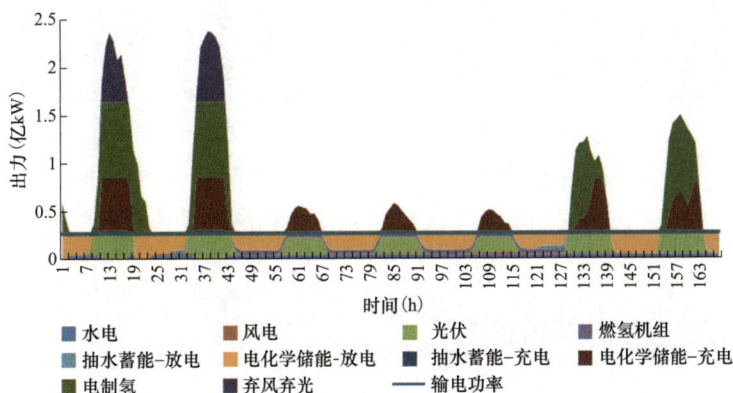

图2-15 某新能源基地在光伏连续数日出力不足场景下的主要设备出力

力不足，电制氢设施可在净负荷高峰，即保供压力最大时期降低运行功率或关停设备，以缓解电力供需平衡压力。燃氢机组可作为电力系统带惯量支撑电源，通过利用富裕期新能源发电制氢并存储，在负荷高峰期时供给发电，满足本地与外送用电需求。

（2）降低我国能源整体对外依存度。电能、氢能在终端能源消费中的规模逐步扩大，在部分场景替代进口石油、天然气，降低我国能源整体对外依存度。电能将通过电气化在工业、建筑、交通等行业实现化石能源替代，氢能将在冶金、长距离重载交通等对载能密度要求较高、响应速度要求更快、难以电气化的行业中得到广泛应用。预计 2060 年，电能、氢能在终端能源消费结构中的占比将提升至 70％和 10％以上，石油占比将降低至 7％～10％，天然气占比将降低至 2％～8％。石油、天然气对外依存度整体呈现下降趋势，2060 年石油、天然气对外依存度将分别下降至 19％和 22％，如图 2 - 16 所示，我国能源整体对外依存度将降低至 15％以下。

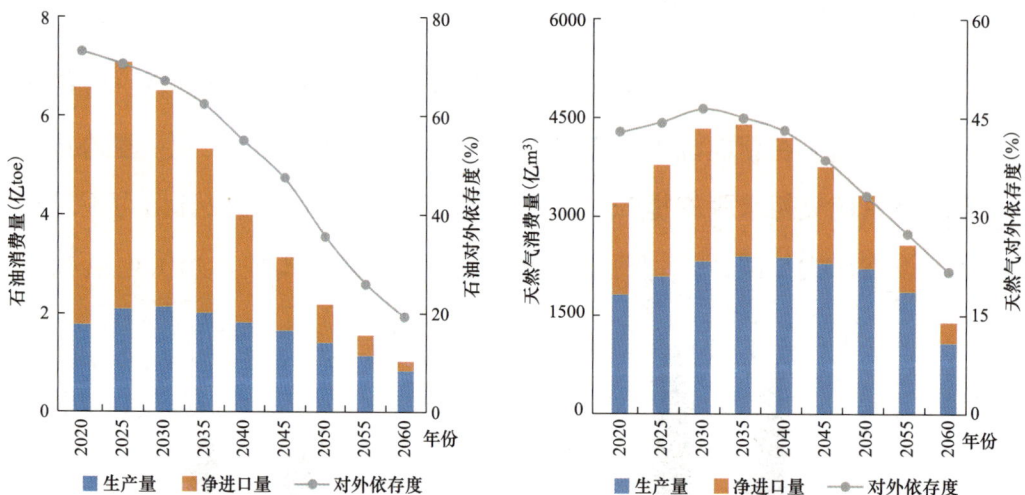

图 2 - 16 我国石油、天然气供应结构和对外依存度变化

2.4.3 提升经济效益价值

（1）节约系统建设成本。相较于仅依赖电力系统内部调节，"电－氢协同"

通过将氢能作为可调节资源，可有效降低灵活性资源的投资，节约系统建设成本。以华北地区为例进行分析，当关键技术成本下降速度较快时，预计 2030 年，"电-氢协同"方案相较于"电-氢不协同"方案的系统建设成本降低 5%～10%，2060 年降本潜力将达到 11%～15%。其原因主要在于氢能设备为电力系统灵活性资源提供了更多技术选项，电制氢设备可作为柔性负荷，与储氢、燃氢机组配合后实现长周期调节。"电-氢协同"扩大了系统优化空间，实现了对电化学储能等灵活性资源投资的部分优化替代。

(2) 降低绿氢制取成本。"电-氢协同"通过将电制氢设备的调节价值转化为经济价值，可有效提升项目经济性，降低绿氢制取成本。当前至 2030 年绿氢制取成本仍将明显高于灰氢，降低绿氢制取成本是关键。以年产 2 万 t 绿氢的光伏制氢项目为例，在"电-氢不协同"方案中，电制氢设备以完全离网模式运行，自行配备电化学储能将显著抬高成本；在"电-氢弱协同"方案中，采用自建新能源电站与大电网联合供电模式，可在一定程度上降低绿氢制取成本。在"电-氢强协同"方案中，制氢设备在夜间风电大发时段参与电网调峰，通过使用低价电制氢提升项目经济性。未来随着市场价格机制的不断完善，不同"电-氢协同"方案中氢气平准化成本如图 2-17 所示，2030 年绿氢制取成本有望降低至 15 元/kg 以下，相较于"电-氢不协同"方案降低约 25%。

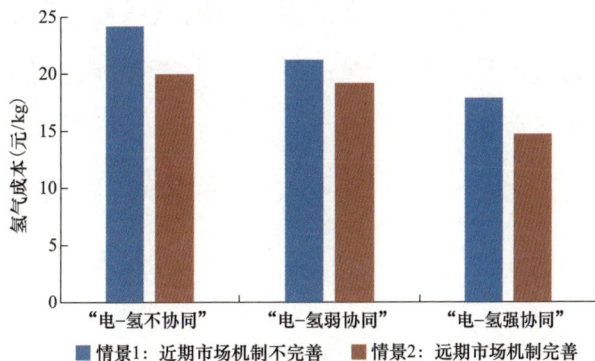

图 2-17　不同"电-氢协同"方案中氢气平准化成本

（3）拉动新兴产业投资。 **"电－氢协同"将拉动新兴产业投资，推动新能源资源禀赋优势转换为经济发展新动能。** 通过建立"电－氢协同"发展模式，例如建设新能源发电制氢基地等，充分利用西部、北部地区优异的新能源资源，带动当地新能源、氢气生产、氢气综合利用、输氢管道、氢储能建设等产业的布局。此外，通过电、氢多元产业链耦合和延伸，将进一步促进跨行业及产业链上下游相关配套投资，全面推动资源禀赋优势的充分转化，预计未来将拉动新兴产业投资超过 3 万亿元，如图 2-18 所示。

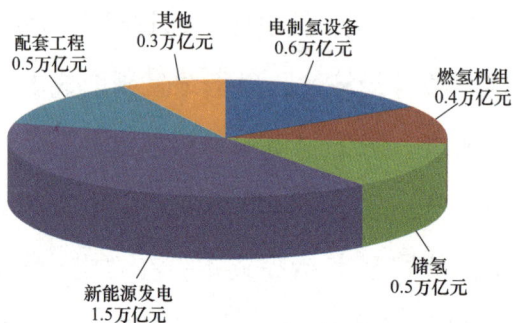

图 2-18　"电－氢协同"拉动投资情况

"电－氢协同"将助力优化产业发展路径及生产力空间布局，推动区域协调发展。 绿电、绿氢的供需市场均呈现地理分离的状态，资源禀赋富集地区与需求密集地区呈逆向分布。通过"电－氢协同"推动高载能行业向西部清洁能源优势地区转移集聚，不仅能解决能源长距离的输送问题，就地消纳西部地区清洁能源，也可助力高载能行业以氢气、甲烷、甲醇等绿色燃料实现化石能源替代，显著推动工业体系脱碳。

（本章撰写人：张丝钰　审核人：张宁）

3

"电 - 氢协同"
关键技术

3.1　电　制　氢　技　术

电解水制氢主要包括四种技术路线：碱性电解水制氢技术（ALK）、质子交换膜技术（PEM）、阴离子交换膜技术（AEM）和固体氧化物技术（SO-EC）。本节将针对技术成熟度、设备成本、效率、动态响应速度等关键性能指标进行对比分析，得出不同技术路线的适用场景；在此基础之上，测算可再生能源电解水制氢的平准化成本。

从技术成熟度来看，碱性电解水制氢技术已实现大规模工业应用，质子交换膜技术处于试点示范和商业化初期，阴离子交换膜技术和固体氧化物技术仍处于实验室研发阶段。 由于碱性电解水制氢不需要贵金属作为催化剂，技术成熟度最高，目前已实现大规模商业化应用。质子交换膜技术成熟度相对较低，质子交换膜和铂电极催化剂等关键组件成本较高，且需要以贵金属为原材料，大规模推广应用将存在贵金属资源可持续支撑的问题。阴离子交换膜的化学和机械稳定性较差，且工作压力较高，导致系统寿命不稳定，目前尚处于实验室研发阶段，仅有少数公司在尝试商业化应用。固体氧化物制氢技术成熟度最低，成本居高不下、循环寿命低，且对运行环境温度要求较高，当前仍处于示范验证阶段，尚未实现商业化应用。

从设备成本来看，碱性电解水制氢技术成本最低，质子交换膜技术、阴离子交换膜技术和固体氧化物技术的成本下降潜力较大。 如表 3-1 所示，当前碱性电解水设备投资成本相对最低，约为 1500 元/kW，而质子交换膜制氢设备成本约为 6800 元/kW，阴离子交换膜技术、固体氧化物制氢设备成本分别高达 15 000 元/kW 和 13 000 元/kW 以上，是碱性电解水的数倍[4]。2030 年，碱性电解水设备将下降至 1000 元/kW 以下，成本下降空间相对较小；而质子交换膜制氢设备有望降低至 4000 元/kW 以下，阴离子交换膜技术、固体氧化物制氢设备成本有望降低至 10 000 元/kW 和 7000 元/kW 以下，成本下降空间巨大。

表 3-1 　　　　　　　　电制氢技术关键性能指标（当前与 2030 年）

性能指标名称	当前				2030			
	ALK	PEM	AEM	SOEC	ALK	PEM	AEM	SOEC
电极面积（cm^2）	1×10^4	1500	<300	200	1.5×10^4	>2800	500	270
电流密度（A/m^2）	0.2~0.8	1~2	0.2~2	0.3~1	>0.8	1.6~3	0.8~2	>1
操作温度（℃）	70~90	50~80	40~60	700~850	>90	80	70	>650
负荷可调范围	25%~100%	5%~120%	5%~100%	30%~125%	25%~150%	5%~160%	5%~130%	10%~150%
冷启动（min）	<50	<20	<20	>600	<42	<12	<15	<480
系统效率（$kW\cdot h/kgH_2$）	55	65	63	45	<50	<58	<57	<43
寿命（$\times10^3 h$）	60	65	50	<20	75	80	100	40
系统成本（元/kW）	1500	6800	>15 000	>13 000	<1000	<4000	<10 000	<7000

从效率来看，固体氧化物技术的制氢效率最高，碱性电解水次之，质子交换膜的制氢效率最低。碱性电解水生产每千克氢气的耗电量约为 55kW·h，2030 年将降低至 50kW·h 以下。质子交换膜约为 65kW·h，2030 年将降低至 57kW·h 以下。固体氧化物电解制氢运行温度为 700~1000℃，电解电压可低至 1.3V，因此电耗较低，生产每千克氢气的耗电量约为 45kW·h。但需注意的是，高温水蒸气需要额外能耗，因此在核电制氢等特殊场景下具备更强的经济性优势。

从动态响应性能来看，质子交换膜、阴离子交换膜技术动态响应能力优异，碱性电解水可瞬时停机、降功率，但启动、升负荷速度较慢，固体氧化物技术适用于稳定电源供电。碱性电解槽的运行功率低于额定功率的 20%~25% 时，存在氢、氧互串超过爆炸极限的风险。此外，碱性电解槽适应波动性较差，其启动及运行功率调节较慢，频繁启停、升降负荷将影响电解槽寿命。阴离子交换膜技术、质子交换膜冷启动时间短，爬坡滑坡速率快，动态响应性能优异，运行功率可调节范围分别为 5％～100％ 和 5％～120％ 额定功率，2030年将进一步上升至 5％～130％ 和 5％～160％ 额定功率[4]。

总体来看，质子交换膜、阴离子交换膜适用于与可再生能源发电相耦合的场景中，碱性电解水技术响应调节的经济性相对较低，固体氧化物技术在核电制氢场景下具备更强的经济性优势。质子交换膜、阴离子交换膜电解制氢技术可以实现快速启停和功率调节，可接受波动性电源供电并快速响应功率波动，适用于风、光发电波动性输入及灵活调节。碱性电解槽对电源稳定性有一定要求，对风电、光伏等波动性电源的适应性较差，具备相应调节的能力，但经济性相对较低。而固体氧化物技术需要稳定的高温水蒸气供应，因此在核电制氢等特殊场景下更能凸显经济性优势。

目前在少数优质资源地的"绿氢"制取成本已降至 20 元/kg 左右，逐渐接近"蓝氢"水平。用电成本是影响绿氢经济性的主要因素。在全生命周期总成本中，电费占比 70％～80％，绿氢项目将逐步向内蒙古、新疆等新能源富集、绿电成本较低的地区聚集。如图 3-1 所示，2030 年前后全国绿氢平均成本将降至 20 元/kg 左右。2050 年，绿氢平均成本将降至 10 元/kg 左右，达到灰氢水平。短期来看，绿氢一定阶段内有经济劣势，但考虑到绿色转型和部分企业出

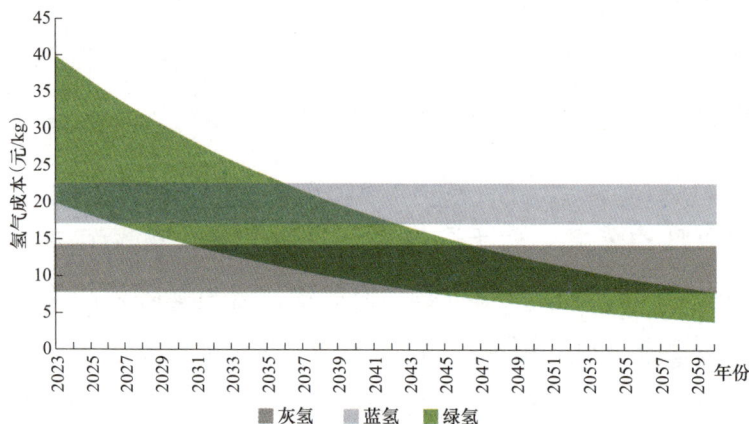

图 3-1 电制氢成本变化趋势

口生产要求，叠加灰氢碳排放外部成本，绿氢有望 2030 年之后逐步取代灰氢，迎来规模化发展。

3.2 输 氢 技 术

氢能运输方式视储存方式不同，可分为气态氢输运、液态氢输运、固态氢输运三种，其中气态、液态氢输运是目前的主流方式。 气态氢输运的主要手段是将氢气加压后，利用集装格、长管拖车或管道进行输送。如集装格一般由容积为 40L 的钢瓶组成，压力通常为 15MPa；长管拖车一般设计压力为 20MPa，可充装 3500m³ 氢气（标况下）；管道输运压力一般为 1~4MPa，运输量最大，但具有初始成本高、氢脆问题未彻底解决等缺点，在当前氢气管网建设不完善的现状下，也有将氢气掺入天然气管道输送的手段运用。液态输运有液氢槽车、铁路大容量储罐和船舶储罐等方式，公路运输容积一般不超过 100m³，铁路运输可达到 200m³，船舶海运容积可达 1000m³ 且安全经济性更优，但目前技术难度较高、初始投入大，仅有日本、德国、加拿大拥有液氢海运船。液氢也可采用管道输送，但由于液氢温度极低、对低温、绝热等性能要求极高，一般仅用于航天发射场等特种用途场景，且运输距离较短。

天然气管网掺氢输送适宜作为过渡方式，未来纯氢管道将成为主流。 基于欧洲实践探索，天然气管道掺氢输送至终端后，用户需自行配备分离装置，或直接与天然气一同燃烧，并非最经济的利用方式。此外，考虑到终端用户需求不同，大范围应用天然气掺氢技术时，掺氢比例局限于 3%~5%，发展潜力有限。未来氢产业规模化发展情况下，纯氢管道将成为适宜方式。**但考虑送受端氢气产消规模及大范围配置需求，2030 年前输氢管道难以规模化发展。** 输氢规模除受输氢管道的安全性和技术性问题影响外，更多受到各区域氢气供需规模及跨区输送经济性影响。近期我国氢气供需规模有限，且以就地利用为主，如叠加远距离输氢成本，氢气在终端应用的经济竞争力更受局限。此外，输氢管

道设计与选材等标准规范尚不健全，氢脆等安全性问题仍未完全解决。预计
2030 年前我国输氢管道仍以个别示范项目为主，2040 年后有望进入加速发
展期。

3.3 储 氢 技 术

储氢是解决氢气平稳供应要求和电解槽波动性运行的关键"调节器"。 在
灰氢项目中，电解槽以平稳运行为主，对储氢需求相对较小。随着绿氢项目逐
步落地，新能源波动性发电制氢将成为常态，储氢成为服务绿氢规模化发展的
关键设施。通过配置储氢，化工等行业对氢气平稳供应的要求并不构成对电
解槽灵活运行的限制。从目前规模化新能源制氢示范项目来看，配置储氢的
积极性已相对较高，普遍主动按照日调节要求（4～10h）尽可能配置充足，
与各方对电化学储能配置的态度形成鲜明对比，反映出储氢的技术经济可
行性。

**根据氢的物理特性与储存行为特点，可将储氢方式分为：氢气、液氢、固
态载体三种，这三种储存状态又分别对应着不同的运输工具及方式（主要由运
量和运距决定）。** 其中，气态储氢包括高压气态储氢和地下储氢；液态储氢分
为物理法、化学法两种，物理法主要是低温液态储氢，化学法主要包括：液氨
储氢、甲醇储氢和有机液体储氢；固态储氢主要包括物理吸附和化学反应吸收
两种。各类储氢技术优缺点对比如表 3 - 2 所示。

表 3 - 2　　　　　　　　　　各类储氢技术优缺点对比

储氢技术类型		主要优点	主要缺陷
气态储氢	高压气态储氢	技术成熟，充放速度快，能耗低，初始成本低	体积密度低，安全性较差
	地下储氢	有规模大、周期长、成本低、安全性高	技术成熟度低，存在泄露可能，地质条件要求高

储氢技术类型		主要优点	主要缺陷
液态储氢	低温液态储氢	储氢密度高，液态氢纯度高	液化耗能大，易挥发，成本高
	有机液体储氢	质量储氢密度高，安全性高，可多次循环使用	操作条件苛刻，反应效率较低，成本高昂
	液氨/甲醇储氢	存储运输安全方便，条件温和，经济性好	质量储氢密度低，液氨具有较强腐蚀性
固态储氢	吸附储氢	安全，无须高压容器，氢气纯度高	质量储氢密度低，成本高，吸放条件苛刻
	化学反应吸收储氢	理论上极具发展前景	普适性较差，材料成本高，技术成熟度很低

国内目前以高压气态储氢为主，随着储氢技术效率、成本和安全性问题的突破，液态、固态等各类储氢技术将更为成熟，形成多种氢储运方式并行的局面。当前具备商业化应用条件的储氢技术分高压气态储氢和低温液态储氢两种。高压气态储氢性价比较高，适用于产业发展初期，国际先进水平已实现70MPa储氢罐的商业化应用，而国内仍以35MPa为主，70MPa仍在推广示范阶段。低温液态储氢密度高、储氢量大，正在从航天、军工领域向民用普及，国际先进水平已进入规模化应用阶段，国内民用领域则仍在起步阶段。液氨和甲醇储氢将大规模应用于在风光资源丰富地区，实现绿电→绿氢→绿氨/绿醇一体化发展。固态储氢方式理论上极具发展前景，但成本高昂，技术成熟度低，目前仍处于实验室阶段。

地下储氢具有规模大、周期长、成本低、安全性高的优势，是未来实现跨季节储存和长周期调节的关键，但目前国内仍处于起步阶段。地下储氢主要可利用枯竭油气藏、盐穴、废弃矿井、含水层等地质构造，其中盐岩因其较低的渗透特性、良好的蠕变特性、化学反应惰性、溶解于水以及易开挖的特点，是最理想的地下储氢介质，国外已开展相关试点项目，但总体潜力较为有限；枯竭油气藏储气库是世界及中国储气库中的主要形式，是成本最低的地下储氢方式，但需针对氢气的纯度降低和质量损耗问题开展重点研究；地下含水层具有较大的储气潜力，可作为在没有枯竭油气藏或盐穴地区的地下储氢替代方案，但目前尚未有含水层中储存纯氢的成熟案例。

3.4　氢发电技术

氢发电关键技术主要包括两类：氢燃料电池技术和燃氢汽轮机技术。本节将分别针对其不同技术路线的关键性能指标进行对比分析，得出不同技术路线的适用场景。

（1）氢燃料电池。**氢燃料电池摆脱了卡诺循环的限制，具有电热能量转换效率较高、清洁、无噪声等优点**。按照电解质的材料不同，氢燃料电池包含质子交换膜燃料电池、碱性燃料电池、磷酸燃料电池、熔融碳酸盐燃料电池、固体氧化物燃料电池五种类型，燃料电池技术关键性能指标对比如表 3-3 所示。

表 3-3　　　　　　　　　燃料电池技术关键性能指标[5-6]

技术类型	质子交换膜燃料电池（PEMFC）	碱性燃料电池（AFC）	磷酸燃料电池（PAFC）	熔融碳酸盐燃料电池（MCFC）	固体氧化物燃料电池（SOFC）
电解质	PEM	KOH	H_3PO_4	（Li，K）CO_3	ZrO_2
工作温度（℃）	室温～80	50～200	100～200	650～700	800～1000
功率密度（mW/cm²）	500～2500	150～400	150～300	100～300	250～2000
单机功率（kW）	1～300	1～2000	150～300	250～2000	250～2000
电效率（%）	40～50	45～60	35～60	45～60	45～60
技术状态	商业化初期	商业化	商业化初期	实验室阶段	实验室阶段

从技术成熟度来看，碱性燃料电池技术处于商业化应用阶段，质子交换膜燃料电池、磷酸燃料电池技术处于商业化初期，固体氧化物、熔融碳酸盐燃料电池目前仍处于实验室阶段。碱性燃料电池工作温度低，还原反应速度较快，可使用非铂催化剂，但需要电解液保持电池水平衡，废热利用受限。质子交换

膜燃料电池一般由膜电极、双极板和密封件等主要部件组成，常用的催化剂主要是 Pt/C，其价格高昂，降低成本是目前需要克服的主要问题。固体氧化物燃料电池有着较高的电流密度，高功率密度，但对温度要求较高，未来仍需进行中、低温运行温度、多样化燃料与电池结构的深入研发。

从应用场景来看，质子交换膜燃料电池的应用最广泛，磷酸燃料电池技术适用于固定式发电领域，碱性燃料电池仅用于航天领域。质子交换膜燃料电池功率密度最高，启动快，调节性能强，在交通、发电等领域均具有应用潜力。磷酸燃料电池技术成本较高，转换效率较低，只能应用于固定式发电场景。固体氧化物、熔融碳酸盐燃料电池转换效率高，但启动慢、运行温度在 $600 \sim 1000℃$，需要耐高温材料，成本高。碱性燃料电池成本非常高，目前仅在航天领域具有应用潜力。

氢燃料电池用于固定式发电的形式包括分布式电源、备用电源和氢燃料电池热电联供系统。分布式燃料电池电站规模可达兆瓦级，具有良好的场景适应性和扩展性，适用于偏远地区孤网的供电或为主网提供补充。燃料电池备用电源则具有响应速度快、噪声低、占地小等优点，目前正逐步商业化，国内常见规格为 $3 \sim 5kW$，运行时间可超 4000h。氢燃料电池热电联供系统通过燃料电池反应供电，同时又利用高温燃料电池工作时产生的余热供热，实现能源的综合利用，有效提高了能源利用效率。目前较为常见的为家庭式的微型热电联供系统，功率 $1 \sim 10\ 000kW$，电效率介于 $50\% \sim 60\%$，总效率可达 $80\% \sim 90\%$。

（2）氢燃气轮机。相对于传统燃煤机组，氢燃气轮机具有调节灵活、清洁低碳的优点。氢气的扩散系数大，混合气均匀程度高、燃烧充分，能够实现稳定高效的内燃机燃烧。按照氢气含量的不同，氢燃气轮机包含纯氢内燃机和掺氢内燃机两种技术路线。

目前，掺氢内燃机技术、纯氢内燃机仍处于开发阶段，需重点关注自燃和回火风险、热声振荡水平和频率优化、冷却需求降低、寿命提升等问题。燃氢发电原理与天然气发电在原理上类似，大部分传统燃气轮机均可经过改造，进行氢与天然气的掺烧发电。目前国内实际项目已可实现 30％掺氢燃烧。通用电气、西门子当前可实现 50％掺氢燃烧，已研发出小容量纯燃氢轮机。但高浓度氢气燃烧容易导致"氢脆"现象，且氢发电成本主要是氢燃料，由于制氢成本有待下降，燃氢发电与传统发电手段相比仍不具备经济性。

掺氢发电的经济性相对更高，但纯氢发电发展潜力巨大。目前多项高比例掺氢甚至纯氢燃料燃气轮机开发项目正在开发中。氢燃料燃气轮机发电技术可沿用现有内燃机工业体系进行开发，产业化转化更有利，其次采用传统燃烧做功模式，对氢气燃料纯度要求较低，燃料适应性好。近年来，通用电气、西门子等企业积极布局高比例掺氢及纯氢燃烧的燃气轮机技术，**均宣称于 2030 年突破大容量纯氢燃烧发电技术**，2030 年后燃氢发电有望提速发展。

3.5　系统协同技术

电力系统与氢能系统的耦合将形成两种二次能源之间的双向能量流动，传统电力系统的规划、运行优化方法将不再适用。当前以电－氢相互转化为基础的综合能源供应模式尚未大规模形成，电－氢系统协同优化技术对解决风、光等新能源出力不确定性、实现各类能源形式的经济高效输送与配置以及助力能源系统脱碳上发挥重要价值。

3.5.1　协同优化配置

电－氢能源系统包含的关键元素贯穿发（制）、储、输、配、用各个环节。发电/制氢环节包含常规发电机组、新能源发电机组、电解槽、氢燃料电池和燃氢机组等；储能环节包含电化学储能、储氢罐等；输运环节包含电力输配网络和氢能输配网络；用能环节包含电负荷、热/冷负荷和氢负荷等。

电－氢能源系统协同优化配置是考虑电－氢耦合设备在电、气、热、氢等能源系统的协调互动，以及多元负荷用能需求，形成"电－氢协同"规划方案。电－氢能源系统协同优化配置建立在传统电力系统规划框架上，从系统层面上统筹协调多能源形态、多时间尺度灵活性资源，确定电、氢设备及输配网络的容量、位置以及建设时间，实现电－氢能源系统优化配置，提升电－氢能源系统规划的经济性。

从研究内容来看，已有研究大多从成本、环境效益和能源利用率等不同出发点为目标，优化电－氢能源系统的设备容量配置。目前的研究主要面向电－氢能源系统的容量优化配置方案，一方面通过制氢负荷调节用电功率的能力，跟踪风、光等可再生能源的随机波动，将无法消纳的弃风电量通过电解水制氢加以利用[7-9]；另一方面，结合储氢、燃氢机组、氢燃料电池等，实现能量的长周期、跨季节存储，并提升综合能源利用效率[10-12]。在此基础之上，考虑下游氢气消费与应用场景，统筹建立投资规划模型，实现"电－氢协同"的综合生产、输送、供应的能源体系综合优化配置[13-14]。

氢能的引入为系统协同优化配置带来了新的挑战，主要体现在多不确定性因素、多时间尺度、多主体博弈等方面。

在多不确定性因素方面，新能源出力和负荷的不确定性逐步增强，可通过随机优化和鲁棒优化处理不确定性，采用多阶段规划方法形成容量配置方案。随机优化的应用较为广泛，但存在一定的局限性。一方面，采用概率论处理不确定性因素时，通常需要先假定随机变量的概率分布，但这将导致对不确定性的刻画不够准确。另一方面，随机优化需要考虑大量随机场景，计算负担较重；通过场景削减等技术可减小计算量，但又会在一定程度上损失计算精度[15]。鲁棒规划方法是一类基于区间扰动信息的不确定型决策方法，但由于考虑了最差场景下的最优解，造成结果较为保守[16]。

在多时间尺度方面，如何充分利用氢能的季节性存储特性，并与短时间尺度灵活调节资源协调配合是形成合理配置方案的关键。除考虑电力系统中源荷季节性供需不平衡以外，热、氢、气系统需求均有典型的季节性特征，该特征进一步加剧了电力系统能源供需不匹配的矛盾。氢能可以实现长周期、跨季节存储，在部分应用场景（如日内调峰）与短时间尺度灵活调节资源重叠，应统筹考虑长时间尺度和短时间尺度灵活调节资源协同作用，充分挖掘氢能跨多种能源形式下的灵活调节能力，实现氢能中长期时间尺度优化利用。

在多主体博弈方面，应尽量避免由于电力、氢气系统分属不同的利益主体，难以获取系统全局信息而导致的集中式规划失效的问题。 基于博弈论和纳什谈判理论，首先应分别构建电力、氢气系统投资的规划收益模型；分析不同投资主体的博弈机理，提出面向针对电－氢能源系统的联合规划动态博弈模型；分析在实现纳什均衡前提下，利用迭代搜索法，求解实现系统的总收益最高的模式及多主体合作运行方式[17-19]。

3.5.2 协同优化运行

电－氢能源系统的协同优化运行是以保障电、气、热等负荷需求为基本要求，以系统收益最高或成本最低为优化目标，考虑主要设备的运行约束和能源网络系统潮流约束，制定系统最优机组启停、运行和购能计划。 随着电解水、氢燃料电池等耦合设备的技术发展和应用，电、氢、气、热等能源系统的耦合程度不断加深，多能源系统的统一优化运行已成为发展趋势。协同优化运行应以满足电、氢负荷需求为基本条件，统筹考虑设备衰减成本、污染物排放成本、系统整体运行成本、风险成本等，以提高系统运行维护的经济性为目标，求解各设备各时点的出力与购能方案。

对电解水、氢燃料电池、储氢系统等氢能设备非线性工作特征的准确刻画是实现电－氢区能源系统协同优化运行的重要基础，但同时也要考虑减小计算规模，降低模型复杂度。 电解水、氢燃料电池、储氢系统等氢能设备运行特性复杂，工作状态受到输出功率、温度、工况压强等多种因素影响，频繁启停、循环等操作将加速设备老化。简化模型将导致系统运行方案与真实结果有较大偏差，应尽量实现设备性能的准确刻画，进而通过优化调整运行方案，包括不同设备的启停、响应优先级等，达到最佳运行工况，并延缓设备寿命衰减。

电解水的产氢特性与电解温度、电流、压强等因素相关，涉及多变量、非线性等特征，可采用简化或分段线性方法处理为线性模型。例如，电制氢设备的输出氢流量与负载率呈现非线性关系，现有研究常基于电解水电化学反应理论和工程数值拟合结果，采用固定制氢效率参数粗略描述电解水系统的宏观产氢特征，一定程度上忽略了外界因素对效率的影响[20-21]。部分研究则进一步考虑了电制氢系统的输出功率受到输入电功率、单堆电解槽堆栈转化效率、寿命退化率、AC/DC换流期效率、辅助设备耗能和输入热能等多种因素的影响，并通过分段线性处理，尽量降低模型求解难度[22-23]。

储氢应用于大规模、长周期储能时，构建基于典型日的跨季储氢模型可显著降低系统求解规模。储氢设备建模需全面考虑跨季存储特征、充放约束、最小储氢约束（以保证稳定氢能供应）等，并基于有限典型日准确反映出实际的跨季节储氢容量配置及运行方式。部分研究中对储氢模型的建模主要是基于理想气体状态方程，忽略了不同压强下的氢气物理特性差异，高压下氢气真实状态与理想气体状态偏差可达20%[24]，无法准确刻画高压储氢罐的运行状态。

燃料电池可采用经验模型、半经验模型，模拟电堆电压与电流的关系，可以大体描述电池的输出特性。燃料电池的内部结构复杂，电堆运行时涉及电荷转移、气体扩散和热传递等多种物理现象耦合，其复杂的反应过程给建模研究带来了很大困难。建模需考虑燃料消耗成本、最大最小输出约束、爬坡约束和最大/最小启停时间等，并详细刻画负载率、温度等因素对燃料消耗、电压 - 电流关系等影响[25-26]，以期实现最小化能耗的能量管理。

电 - 氢能源系统的协同优化运行为大规模、非线性、多阶段模型，数学上难以计算得到全局最优解，常见计算方法有解析法和人工智能方法。模型涉及大量决策变量，如机组启停、充放电状态、功率大小等，且涉及储能状态、机组爬坡等时序性约束，求解难度较大，采用快速、可靠的求解算法至关重要。解析法分为统一求解和分解协调求解两类。统一求解是指从模型入手，采用线性化或凸松弛技术将原始优化问题近似为线性规划或混合整数规划问题；分解协调求解方法的主要思路是分别优化求解各个子系统，并将各个子系统的信息进行交互，利用交互的信息对子系统重复更新，直到找到满足精度的最优解。此外，由于人工智能方法与求解优化问题的类型和特点无关，因此这类方法也可应用于求解具有非线性和非凸特性的电 - 氢能源系统的协同优化运行问题，主要包括基于群优化的启发式方法和机器学习算法。

此外，应充分挖掘电 - 氢能源系统在富余可再生能源消纳、提升新能源开发利用水平、减少碳排放和提供备用容量等价值，优化设备运行出力的同时提升综合效益。在当前最为乐观的技术经济参数假设下，电 - 氢能源系统也很难实现盈利，其主要原因在于很难以较低的购电价格购买足够的电能，支撑系统每年运行足够的运营时长。通过挖掘了电 - 氢能源系统在电力系统中提供辅助服务，包括参与调峰、调频以及作为系统备用等，可在一定程度上提高经济效益[27-28]，但仍然难以实现电 - 氢能源系统规模化普及。为进一步提升系统的经济效益，一方面可将氢气出售给用户，充分利用氢能在发电、工业、交通和建筑领域的巨大应用潜力[29]；另一方面可凸显电 - 氢能源系统环境价值，通过参与碳排放权交易市场获取收益。

（本章撰写人：张丝钰、吴洲洋　审核人：王雪）

4

"电-氢协同"
政策机制

　　有效的政策机制是激发相关主体积极参与"电-氢协同"发展的关键。本章总结提出限制"电-氢协同"示范项目规模化推广及"电-氢协同"效应充分发挥的关键挑战与瓶颈性问题，在此基础之上设计提出支撑"电-氢协同"发展的政策框架体系，分析支撑"电-氢协同"发展的电能量、辅助服务、绿色市场机制。

4.1　关键问题与挑战

　　目前已开展的示范项目中，或是侧重于制氢、储氢、用氢关键技术的全流程示范，或是侧重于氢气规模化制取与利用，电力系统与氢能系统未实现充分协同。相关示范项目规模化推广及"电-氢协同"效应充分发挥所面临的关键问题主要包括：项目收益较差、相关技术及安全标准与认证方法不健全、部分关键技术亟待突破以及尚未实现电、氢基础设施的协同规划。

4.1.1　项目难以获得良好收益

　　目前，新能源制氢项目的运行模式大体可分为离网和并网模式，但均未真正实现氢能设备与电力系统密切互动。已有示范项目中风电/光伏发电站和制氢设备均无法响应电网调度，尚未实现电力系统与氢能系统的充分协调互动。

　　难以获得良好收益是限制"电-氢协同"效应充分发挥与项目规模化推广的主要原因，具体包括：

　　（1）"绿氢"成本较高。当前"绿氢"的生产成本为 20～40 元/kg，相较于灰氢（7～15 元/kg）仍不具备经济竞争力，且目前国内碳价水平较低，难以有效将"灰氢"的碳排放成本内部化。

　　（2）终端"绿氢"需求量较低。由于缺乏对"绿氢"绿色价值的有效认证，绿色价值无法直接与经济效益挂钩，缺乏对绿色价值的经济补偿，相对高昂的价格将导致终端企业选择购买"灰氢"，"绿氢"需求量较小。

（3）相关市场机制不完善。 我国大多数省份的现货与辅助服务市场建设仍处于初期，电制氢负荷作为主体参与辅助服务市场的准入条件与交易机制尚不明确，燃氢机组参与现货市场的峰谷价差套利空间不足，其调节价值难以充分体现，"电-氢协同"项目难以获得良好收益。

以上三方面原因导致"电-氢协同"项目尚未形成可持续盈利的商业模式，无法保证"电-氢协同"项目的经济性与可持续发展。**解决该问题的关键在于：承认"绿氢"的绿色价值，刺激难减排部门的绿氢需求量增长以及创造有利于电制氢、储氢及燃氢机组的调节价值充分体现的市场条件。**

4.1.2 认证体系与技术标准不健全

在认证方面，**"电-氢协同"项目的认证标准不明确，直接阻碍了"电-氢协同"项目通过发挥其调节价值来获取相应收益。** "电-氢协同"项目的认证标准、具体要求与规定尚未出台，例如：电制氢设备一年需参与多少次调峰调频，参与调节的调峰深度、调节电量需达到多大规模，响应调度的时间及速度等，均需出台正式的文件或细则予以规定，以承认"电-氢协同"项目相较于普通风光氢储项目的特殊地位，为后期相应鼓励支持政策的制定打下良好基础。

"绿氢"的认证标准也不明确，"绿氢"及其衍生品的绿色价值难以反映在价格中。 目前，国内尚未出台相关文件明确规定"绿氢"在全生命周期内（包含生产制备、存储转换到运输的整体过程）的碳排放强度，以及相关的测量评价方法及具体流程等。因此，难以对"绿氢"和"灰氢"作出明确区分，也妨碍了其绿色价值的认证与进一步的量化。

在技术标准方面，目前氢气仍需按照危险化学品进行管理，限制了部分绿氢项目生产规模的扩大。 目前虽已明确了氢的能源属性，氢气仍被列为危险化学品（根据《危险化学品管理条例》），属于1类易燃气体。氢能还未列入现有的能源法律法规、规章及规范性文件中，其生产、储运和使用只能按照危险化学品管理。例如，配备储氢罐需进行复杂而严格的审批手续，因此部分制氢厂商仅采用气氢拖车进行存储，容量有限，极大地限制了项目生产规模的扩大。

氢作为能源的安全监管体系尚不健全，未见对相关设施的统一设计标准，将限制其作为能源的应用与推广。氢能管理并未完全纳入国家能源管理机构的职责中，并未设置相关部门履行政府管理职责，也未见氢能法律法规、规章及规范性文件，特别是安全监管职责不够清晰。此外，为保证氢能可以广泛应用于重卡交通、炼钢等产业中，应尽快明确关键设施与设备的设计制造、运行维护、检测认证等相关规范与标准，以保证未来的规模化推广与应用。

4.1.3　部分关键技术亟待突破

在氢能相关技术方面，核心技术水平及设备系统指标有待进一步提升，部分设备所用的关键材料与核心装备仍依赖进口。目前，国内氢能关键技术设备与国外仍存在一定差距，例如：质子交换膜电解槽的贵金属催化剂用量高于国际先进水平，导致成本偏高，且膜树脂、膜溶液等关键材料依赖进口；液氢罐车产能低、成本高，氢液化系统等仍然依赖进口；地下盐穴储氢、输氢管网尚处于初期研发阶段，未开展示范应用；氢燃料电池在加氢速度、续航里程方面与国际先进水平存在一定差距。

在"电－氢协同"相关技术方面，尚未实现对电－氢耦合系统的优化调控。在电－氢系统实际生产运行中，针对多种可再生能源之间、电解槽电堆之间、可再生能源与电解槽阵列之间如何协调控制，以及制氢设备如何自适应调整设备出力以响应电网调度等问题，尚未进行开展全面深入的研究，相关技术仍不成熟，可参考的实际生产运行经验不足，亟需补齐相应短板以充分发挥"电－氢协同"的潜力价值。从而导致关键设备降本速度较慢。

由于规模化发展与关键技术降本存在"蛋生鸡、鸡生蛋"的问题，因此亟须增强相关技术研发资金支持，以降低投资成本、提高设备运行效率以及寿命，从而推动新一轮规模化发展与进一步的降本形成迭代与"滚雪球"效应。

4.1.4　尚未实现电、氢基础设施协同规划

我国氢能基础设施仍处于初步发展阶段，输氢管网及加氢站缺乏全国性的统筹规划与优化布局。特别是在管道输氢方面，我国研究起步相对较晚，输氢管道规模较小，总里程约 400km，在用管道仅有百公里左右，且大多为中低压、近中距离管道，远落后于美国（超过 2700km）和欧洲（1770km）。目前，输氢干线管网的建设和运行调度的主管部门尚未明确，各地区输氢管网的规划呈现"各自为政"的状态，缺乏区域与行业间的统筹协调。

我国电力系统与氢能产业基础设施的规划建设尚未实现协同。电、氢分属两个不同行业，基础设施规划与经济性评估方法并不统一，且规划优化过程尚未考虑电－氢的耦合互动。例如：在进行电力系统规划时，仅考虑电源、电网以及电力负荷的匹配情况，未能充分考虑当电力系统与氢能系统发生耦合时，大量可再生能源制备成氢气后，终端氢气的消费与利用问题，氢气需经过长距离运输才能抵达氢能需求较大的区域，导致叠加储运成本后抬高氢气价格，使其失去经济竞争力等一系列问题。

电－氢基础设施融合规划缺乏系统的顶层设计。其关键水平年的规模与时间节点尚不明确，电力与氢能基础设施规划部门的沟通协调机制尚未建立，难以克服不同能源系统及行业的壁垒，阻碍"电－氢协同"规划的快速有效落地。

4.2　政　策　体　系

为了有针对性地解决"电－氢协同"发展所面临的示范项目收益较差、相关技术安全标准与认证方法不健全、部分关键技术亟待突破以及尚未实现电、氢基础设施的协同规划等关键问题，提出如图 4-1 所示的政策框架体系。该框架中主要包括刺激绿氢终端需求、完善融资财税激励、健全认证标准以及加强技术研发四大类政策，下面将展开系统阐述。

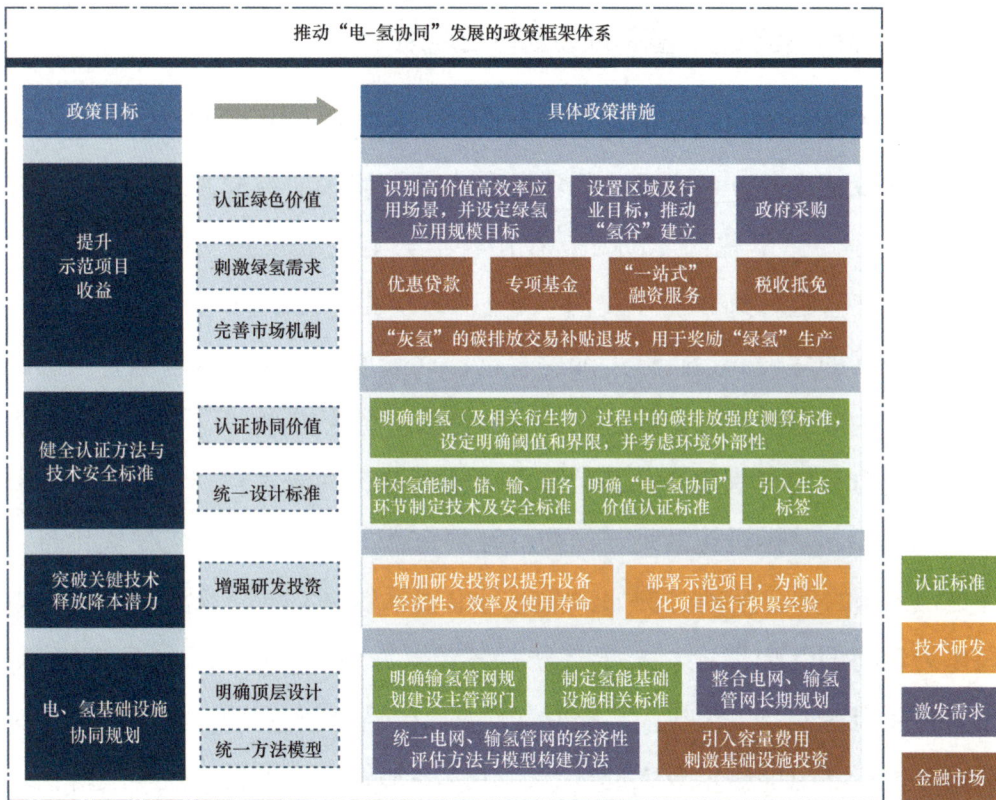

图 4-1　推动"电-氢协同"发展的政策框架示意图

4.2.1　激发绿氢需求

一是针对不同区域及行业设置"绿氢"的规模目标，即配额。在近期，可选择部分"绿氢"具备高价值及高效率的应用方式及场景，并在对应的终端消费部门中设定"绿氢"的配额。例如：西班牙、葡萄牙、德国能源战略中均将工业部门作为"绿氢"大规模应用的关键；欧盟"Fit for 55 package"中将重工业和长距离重载交通运输作为"绿氢"大规模应用的适宜行业。在中远期，"绿氢"应用逐步推广，成为用能载体之一，可针对不同区域、不同行业，可设置随时间不断增长的"绿氢"配额（以总量或比例的形式均可），创造稳定的"绿氢"需求。

二是建立"氢谷"可通过规模经济降低成本，扩大"绿氢"应用范围。通过建立氢谷，可有效推动产业集群化发展，部分公布建立氢谷及集群的文件及内容如表4-1所示。建立"氢谷"需进行准确选址，首先分析全国范围内氢气供给与需求的区域分布情况，其次选取氢气供给潜力较大且需求量较大的区域作为"氢谷"的备选地点，之后通过产业龙头企业、政府等沟通磋商，提出"氢谷"建设方案。在氢气需求较为集中的地区，例如：山西、内蒙古、宁夏等煤化工产业基础较好地区，亟须通过绿氢耦合煤化工加速降碳脱碳进程，"绿氢"规模经济将逐步凸显，在这些区域建立"氢谷"，通过产业集群效应推动关键技术成本下降。更高的、持续稳定的"绿氢"需求可促使"绿氢"企业扩大生产规模，推广"绿氢"应用范围，并进一步降低成本。

表4-1　　　　　　　部分公布建立氢谷及集群的文件及内容

发布国家/机构	文件名称	具体内容
荷兰	Industrial Clusters Plan	提出建立6个产业集群
英国	Decarbonisation Strategy	分析提出工业集群
美国	Infrastructure Investment and Jobs Act	提出4个关键枢纽
Mission Innovation	Hydrogen Valleys Platform	分析世界范围内最先进的"氢谷"项目
世界经济论坛 & 埃森哲	Zero Carbon Humber	工业集群

三是在政府采购计划中明确规定绿色产品采购量或比例的最低要求，或是采购商品的碳排放量的最高限值。例如：可持续公共采购项目（Sustainable Public Procurement，SPP）是一个由130个成员组成的全球多利益相关方平台，该平台支持在世界各地实施可持续的公共采购；美国《加州清洁购买法案》法案（Buy Clean California Act，BCCA）中对政府购买建筑材料的大全球变暖潜力指数（Global Warming Potential）给出了最高限值。

四是制定电-氢融合的基础设施规划方案，整合电网、氢网的长期规划，以提升能源系统的整体效能。在技术上，保持不同行业基础设施规划方法与经济性评估方法的统一，构建电 - 氢融合基础设施规划模型；在政策上，明确电 - 氢基础设施融合规划的目标与时间安排，政府需与电网、输氢管网建设公司、系统运营机构合作，推动规划方案落地。例如：欧盟已出台相关规定❶促使欧洲输电系统运营商网络（ENTSO - E）和 ENTSOG 合作，确保不同能源基础设施的成本效益分析方法协调统一，并积极推动相关模型构建，逐步消除电力、天然气和氢气基础设施融合规划的政策壁垒与技术壁垒。

4.2.2　融资财税激励

一是为符合"电 - 氢协同"要求的项目投资方提供优惠贷款、税收抵免、投资补贴及融资服务。在优惠贷款方面，在现有"先贷后借"直达机制的基础上，为金融机构向制氢厂商、氢储能运营商、燃氢发电厂等相关企业发放碳减排贷款提供便利，提供贷款支持力度，降低贷款利率水平；在退税方面，针对制氢厂商、氢储能运营商、燃氢发电厂等相关企业购进生产设备时所支付的增值税，实行即征即返、全额或部分返还的优惠政策，降低项目建设期资金负担；在投资补贴方面，出台市场激励计划，为安装高度可调的电制氢设备（例如质子交换膜电解槽）等相关企业提供一次性投资补贴；在融资服务方面，积极推动项目开发商、融资发展和政府等相关方的沟通交流，明确阻碍项目投资决策的痛点问题，并提供"一站式"融资服务。

二是设立"电 - 氢协同"发展基金。基于财政专项，广泛吸收社会资本建立"电 - 氢协同"发展产业基金，并提供相应使用导航工具。例如：欧盟批准成立共同利益项目"IPCEI Hy2Tech"，以支持氢技术价值链中的研究和创新以及首次工业部署，其他适用于氢能的基金项目包括创新基金、复兴措施基金等；此外，欧

---

❶　跨欧洲能源网络规约（trans - European networks in energy Regulation，TEN - E Regulation）中第十一条明确规定，2023 年应分别针对电力（ENTSO - e）和氢气（ENTSOG）基础设施项目制定单一部门与欧盟层面能源系统协调的成本效益分析方法；2025 年应向欧盟 EC 和能源监管机构合作机构 ACER 提交逐步整合电力、天然气和氢气基础设施规划的模型。

盟还发布了"欧洲氢能融资指南针"（European Hydrogen Funding Compass），是为利益相关方提供可用资金支持的在线指南。

三是通过碳税（或碳价）抬升"灰氢"使用成本，并将相关资金用于奖励"绿氢"生产。碳税（或碳价）可以将"灰氢"生产过程中的外部碳排放成本内部化，其价格水平的高低及长期走势将影响投资者决策。政府应及时公布碳市场发展目标，包括纳入碳市场的行业、碳价水平等相关计划，以提高投资确定性并降低项目风险。同时，应逐步将"灰氢"的碳排放交易补贴退坡，将此部分资金分配给"绿氢"生产商或消费者。

4.2.3　健全认证标准

一是明确相关项目发挥"电－氢协同"价值的认证标准。首先，在项目基本运行特征上，应满足时间和空间相关性的要求，并进行动态考核监管；其次，明确不同"电－氢协同"价值等级所对应的标准，例如：电制氢设备一年参与调峰调频的次数、能提供的调峰深度、参与调节的电量以及调频响应速度等。此外，应尽快明确制氢厂商等新兴市场主体参与电网互动的技术规范和责任义务，制定相应的激励引导措施。

二是明确制氢（及相关衍生物）过程中的碳排放强度测算标准，设定"绿氢"的阈值和界限。应出台相应文件针对氢气全生命周期过程中，温室气体排放测量规定全国统一的标准，包含数据采集方法、生命周期评估计算方法等，并设定"绿氢"的定量阈值，为绿色价值的认证打下良好基础。

三是为"绿氢"设置生态标签。生态标签通过使用物联网和区块链来实现数据收集与可追溯系统的构建，可跟踪从资源开采到制造、组装、分销、使用、丢弃和回收过程的碳排放，量化产品在全生命周期内环境外部性影响。使用生态标签可帮助消费者有效辨识符合环境标准的绿色产品，并向制造商传达减少环境影响的信息。例如：日本 Ecoleaf 环境标签可定量显示产品的环境信息，推广环保商品和服务。此外，生态标签助力"绿色价值"转变为经济价值，改善"绿氢"生产厂的经济状况。

四是调整储氢环节的安全标准，完善氢能制、储、输、用全环节的安全与设计标准。适时调整储氢的安全标准约束，取消其作为能源应用的关键限制条件。与终端消费企业合作，制定相关安全设计标准，例如氢气运输过程中的压力、储氢的运行条件等。在氢气储运环节，从全国层面规定好氢能基础设施的安全设计技术标准，确定确保在不同地区之间具有互操作性和兼容性。此外，应明确输氢管网规划建设主管部门，将输氢管网作为天然性垄断产品，尽快确定相关监管原则以及监管主体。

4.2.4　加强技术研发

一是加强针对电－氢系统协同技术研发方面的资金支持。加大对可再生能源发电设备、电制氢设备、储氢装置、氢燃料电池、燃氢汽轮机设备之间的优化运行与协调控制技术等方面的研发投入，开展全面系统的研究，提高关键技术的成熟度，并尽快应用于实际生产运行，补齐相关技术短板，释放降本潜力，为"电－氢协同"潜力价值的充分发挥打下良好基础。

二是积极部署电－氢耦合示范工程。在西北、东北、华北等新能源富集地区，建设风光氢储绿氢生产基地，促进大规模产业集群化建设；在大规模新能源汇集等电网节点探索建设氢储能电站，参与电网灵活性调节；在重卡、物流车辆需求密集区，因地制宜建设分布式电制氢加氢站和充电站融合的综合能源服务站。推动相关企业加强合作，围绕绿电制氢、长周期储氢、燃氢发电等"电－氢协同"关键环节进行示范，通过实际运行验证"电－氢协同"发展价值与作用，推动"电－氢协同"模式落地应用与推广。

三是结合技术进展情况适时开展"电－氢－电"示范项目。在"电－氢－电"取得核心技术突破的前提下，积极推进存在显著电力系统长时储能需求的地区开展"电－氢－电"示范项目。通过实际运行验证"电－氢－电"的发展价值与作用。

4.3 市 场 机 制

"电－氢协同"具体可包括"电－氢""氢－电""电－氢－电"三种典型模式。**"氢－电"本质是将氢或其衍生化学物作为长期的储能物品，是一种未来的可能替代煤电的技术路线。**因为"氢－电"受制于当前关键技术以及应用经济性的制约，近期规模化推广能力不足，其需求聚焦中远期阶段，依托技术成熟及成本快速下降，现阶段没有进入市场的条件。因此，本节具体针对"电－氢""电－氢－电"两种不同类型来分析"电－氢协同"对市场机制的需求。

"电－氢"应纳入可调节性负荷范畴，赋予其市场主体地位。"电－氢"本质是一种具备一定调节能力的负荷，其核心目的是生产"氢"这种工业产品。在"电－氢"等可调节负荷资源参与市场机制方面，积极推动该类负荷资源报量报价参与电力市场，并同步完善电力市场交易品种、丰富电力交易机制的时间维度。不同的可调节性负荷可以提供从秒级别到季节级别的灵活性，要建设不同时间维度的电力交易机制，准确反映不同时间维度下灵活性资源的价值，并允许需求侧主体参与到这些机制当中，从而充分体现它们在多个时间维度下的灵活性价值。具体而言，在中长期电能量市场中引导"电－氢"负荷用户参与节约用电、需求响应削峰填谷，助力长期电力平衡；在现货电能量市场中发挥需求响应电力平衡能力和紧急情况下保安全能力；在辅助服务市场中考虑需求响应提供调频、备用等辅助服务；在容量市场中考虑需求响应提供长期容量充裕性功能等。

"电－氢－电"本质属于一种可服务电力系统的储能技术。"电－氢－电"将与其他新型储能等灵活性调节资源一起在相同的市场机制下同台竞价，进而发挥市场对电力资源配置的决定性作用。电－氢－电具备长时储能潜力的技术特点将通过完善市场机制的方式，在市场竞争中形成长时储能应用场景下的市场竞争力。

"电－氢协同"通过市场机制疏导成本主要体现在电能量市场、辅助服务市场、容量市场和碳市场中，因此以下分别从电能量市场、辅助服务市场、容量市场和碳市场这四个市场机制完善的角度分析完善促进"电－氢协同"所需的电力市场机制。

4.3.1　电能量市场

推动完善电能量市场，形成可充分反应不同时空电力价值差异的电能量价格信号，进而合理的价差空间，引导"电－氢协同"项目积极发挥其调节价值。电能量现货市场主要体现发电边际成本的竞争，应逐步推动通过市场形成真实反映时间价值和位置价值的电能量价格，进而形成"电－氢协同"在电能量市场的成本疏导途径和发展空间。

一是适当调整市场限价范围，推动现货市场电能量价格反映电力的时间价值，充分体现"电－氢协同"可调节性的能量时移价值。目前我国大多数电能量现货市场的设置了过于严格的价格上下限，价差空间小，限制了"电－氢协同"等灵活性资源发展空间。需要完善价格上下限定价，并同步建立配套的市场力遏制机制。通过设计多时段、多场景、全过程监管的限价机制，还原真实价格信号，进而合理拉大峰谷价差，提供"电－氢协同"项目根据电力系统需求进行用电或发电时移的获利空间。

二是全面推动现货市场建设，利用市场灵活反映电力供需情况。"电－氢"协同模式具有较好的负荷转移能力，在现货市场中可通过实时价格调整自身用电特性，达到降低用能成本的目的。目前现货市场未完全推广，无法通过价格信号体现电力供需价值。建议加快现货市场推进力度，助力电力系统各主体依据价格信号调节用能行为。

三是推动现货市场电能量价格充分反映电力的位置价值，并向负荷侧传导，引导"电－氢协同"通过项目选址更好发挥能源高效输送作用。电力现货市场中的节点边际电价（LMP）和分区边际电价（ZMP）通过阻塞价格分量提供位置信号，体现了特定交易时段不同地点的电能量价值差异。目前我国大多数电能量现货市场尽管选择了节点边际电价，但在负荷侧普遍采用加权平均价方式，没有体现位置信号。通过形成并传导电能量价格中的位置信号，引导"电-氢协同"项目选址，既缓解电力输送阻塞，又形成氢能输送两端的电制氢成本价差空间。

四是积极推动新能源进入电力市场并且推动绿氢负荷报量报价参与电力市场，形成反应电力系统不同时空电力价值的绿电价格，为绿氢提供有效用电价格信号，引导绿电、绿氢协同发展。通过推动新能源进入电力市场，形成电力系统供大于求时的低价绿电信号，支撑并引导绿氢发展。一方面，通过低价绿电降低绿氢生产成本；另一方面，通过低价绿电的时间、空间分布，引导绿氢技术发展和项目建设适应新型电力系统的绿电供给特点。

4.3.2 辅助服务市场

通过辅助服务市场反映"电-氢协同"的系统支撑价值。尽管辅助服务市场机制不必仅为"电-氢协同"单独设计，其规则设计应适应电力系统安全稳定运行的整体需要。但是与成熟辅助服务市场相比，目前我国辅助服务市场面临市场总容量偏小、辅助服务产品体系不够健全等问题，不利于营造"电-氢协同"的发展空间。有必要进一步完善辅助服务市场以充分发挥的系统灵活性支撑作用，进而形成"电-氢协同"在辅助服务市场的成本疏导途径和发展空间。

一是通过合理扩大辅助服务市场规模，形成"电-氢协同"通过辅助服务获得经济收益的市场空间。我国现阶段包括调峰在内的辅助服务费用约占发电侧总电费的1.5%；从国际经验看，在有现货市场的情况下，成熟辅助服务市场规模普遍约占发电侧总电费的3%～8%。应落实完善用户分担共享新机制，稳步推进向用户侧传导辅助服务成本，扩大补偿资金来源，进而合理扩大辅助服务市场规模。在已明确向用户侧传导辅助服务成本的改革方向基础上，通过先完善费用结构，再优化费用构成的方式落地推进。伴随辅助服务费用比重的合理上升，辅助服务市场将逐渐有条件向包括"电－氢协同"在内的辅助服务提供方支付与其服务价值相符的市场化费用，形成"电－氢协同"参与辅助服务市场的市场空间。

二是基于电力系统实际需求，推进完善辅助服务产品体系，引导"电－氢协同"发挥其性能特点提供高价值辅助服务。对辅助服务产品体系进行删、分、扩。删：现货开始运行后不再必要的产品，如调峰；分：备用、调频等，按系统需求在方向、时长方面进行细分；扩：转动惯量、爬坡等新兴需求，以新品种满足新型电力系统运行的新需求。通过形成完善的辅助产品体系，引导"电－氢协同"结合自身技术特点，提供最具市场竞争力的辅助服务，获取更好的辅助服务市场收益。

三是落实新版"两个细则"要求，推动电制氢可调节负荷和氢储能作为独立市场主体参与辅助服务市场。一方面，落实鼓励新型储能、可调节负荷等并网主体参与电力辅助服务的文件要求，制定可调节负荷和氢储能的并网运行及辅助服务管理实施细则，明确氢储能、电制氢可调节负荷参与电力辅助服务的准入标准和入市流程。例如，明确直控型可调节负荷的最低可调节容量要求、满足所接入电力调度机构的业务技术要求、数据准确性与可靠性满足所参与辅助服务品种的具体要求等。另一方面，由于辅助服务市场复杂程度较高，政府主管部门可组织辅助服务市场运行机构对电制氢可调节负荷和氢储能等"电－氢协同"项目主体，开展辅助服务市场的相关培训和辅导，引导"电－氢协同"更快进入电力辅助服务市场，更好发挥辅助服务价值。

4.3.3 容量补偿机制或容量市场

通过建立完善容量补偿机制或容量市场，发挥"电－氢协同"的长时储能潜力，通过电－氢能源系统的协同优化配置，节约能源系统建设成本。国际经验表明，不同国家根据自身发展情况选择了不同的容量保障机制。目前较成熟的机制包括稀缺定价、战略备用、容量补偿和容量市场。"双碳"背景下，我国电力系统电源出力波动加大，我国亟需建立切合国情的可控电力容量保障机制。从更好引导"电－氢协同"、助力电－氢能源系统的协同优化配置的角度，系统可控电力容量机制建设中应考虑以下两点。

一是可控电力容量需要考虑不同技术的储能时长差异性带来的价值差异，进而更好发挥氢储能的可长时储能的技术特点。在建立完善容量补偿机制或容量市场过程中，须充分考虑不同储能时长对电力系统供电充裕性和可靠性的影响，统筹考虑长时间尺度和短时间尺度灵活调节资源对电力系统可靠容量供应的价值差异，形成差异性容量价格。通过合理的容量补偿机制或容量市场机制设计，引导"电－氢协同"发挥长时储能潜力，形成容量市场竞争力，通过容量补偿机制或容量市场获取提供系统安全容量价值的收益。

二是可探索在可控电力容量保障机制中考虑紧急容量补充能力，发挥氢储能相对于其他长时可控容量的建设周期较短的特点，尽可能提升可控容量资源配置效率，降低系统总体成本。"电－氢－电"等新型储能电站具备在较短时间内向电力系统补充可调节容量的能力，在一定程度上可减少电力系统对远期规划可靠容量的需求。基于电力系统实际需求，将氢储能纳入未来可选技术方案，研究探索紧急容量补充能力对电力系统远期可控容量需求的影响，研究不同远期可控容量需求下，新型电力系统成本的变化情况，探索优化节约新型电力系统建设成本。

4.3.4 绿色市场

通过完善碳市场反应绿氢的绿色低碳价值。目前全国碳市场仅纳入了电力行业，尚未有效将"灰氢"的碳排放成本内部化；这加大了当前"绿氢"相较于"灰氢"的经济竞争力劣势。推动完善碳市场，充分反应碳排放成本，有助于减少"绿氢"相较于"灰氢"的成本差异，有助于提升终端"绿氢"需求量。

一是推动全国碳市场纳入氢气使用及生产的相关行业，提升"绿氢"需求

量，提高"绿氢"经济竞争力。目前政府主管部门正在稳步推动建材、钢铁、石化行业纳入全国碳市场。其中，直接生产氢气，钢铁、建材等行业使用氢气。全国碳市场纳入氢气使用及生产的相关行业后，一方面可以将"灰氢"的碳排放成本内部化，减少"绿氢"相较于"灰氢"的成本差异；另一方面形成钢铁、建材等行业承担减排压力后，将增加对"绿氢"的终端需求。

二是推动绿氢能项目的减排量纳入国家核证自愿减排量（CCER），通过碳市场为清洁氢提供额外的市场化收益。按照《碳排放权交易管理办法（试行）》的规定，重点排放单位每年可以使用 CCER 抵销碳排放配额的清缴，抵销比例不得超过应清缴碳排放配额的 5％。"绿氢"具有天然的减排优势，也具备开发为 CCER 的条件。要加快建立完善的清洁氢认证体系，将清洁氢减碳纳入 CCER 体系中，从碳市场给予直接奖励。

三是推动对自发自用的"电－氢"模式给予绿色认证。目前对于配建光伏并自发自用的制氢项目，无对相关电量绿色属性的证方式，不利于体现其绿氢属性。未来可探索对自发自用的绿色电力发放不可交易绿证，从而体现自建光伏发电制氢模式的绿色属性。

（本章撰写人：张丝钰、刘思佳、孙启星　审核人：代红才）

5

"电 - 氢协同"
发展路径

将"电-氢协同"发展理念付诸实践任重道远。锚定新型电力系统与新型能源体系的战略目标，结合我国电力系统、氢能产业发展现状和特点，以2030、2040、2060年为"电-氢协同"发展的重要时间节点，制定"三步走"发展路径，即示范探索期（当前至2030年）、发展成熟期（2030－2040年）、深度协同期（2040－2060年），有计划、分步骤推进"电-氢协同"发展。

5.1　示范探索期（当前至2030年）

以"降本增效"为首要目标，以"技术示范"和"场景探索"为关键手段，"电-氢协同"助力电力系统新能源消纳的价值逐步凸显。

在运行特征方面，从系统层面来看，电力系统与氢能系统规划、建设、运行"各自为政"的问题有所缓解，氢能项目选址需考虑用电成本（例如风光资源禀赋是否富余，电价水平等），电力系统需考虑系统稳定运行要求，与绿氢项目方协商运行曲线。**从项目层面来看，**氢能系统为降低成本，或作为用户利用电网作为备用，提升设备利用率；或作为发电商通过反送部分电量，获取收益。电力系统则通过分时电价等政策，引导绿氢项目为电网调峰，减轻安全稳定运行及新能源消纳压力。

在关键技术方面，一是积极开展各领域、全链条试点示范，总结示范成效与重点应用场景，推动清洁能源制氢规模化应用；二是构建清洁能源制氢、储运、应用的氢能产业技术创新体系，在质子交换膜、高压气态/液态氢储运等"卡脖子"技术方面开展技术攻关，争取全产业链国产化。

在政策体系方面，一是明确"绿氢"的碳排放强度测算方法及阈值，推动相关标准委员会与终端消费企业合作，制定氢能制、储、输、用各环节制定安全与设计标准；二是促请政府尽快明确负责主管部门，尽快形成电-氢融合基础设施规划与"氢谷"规划，明确阶段性目标与分步骤实施重点；三是针对工业部门及氢气需求量较大的地区设置"绿氢"使用规模目标、电制氢项目发展规模目标等，刺激"绿氢"需求增长；**四是**完善融资的财税激励机制，具体包括：设立专项基金、实行税收抵免、提供优惠贷款、一次性投资补贴、"一站式"融资服务等；**五是**加强针对电－氢系统协同技术研发资金支持，成立重点实验室进行科研攻关，推动关键技术突破，释放降本潜力，并在西北、东北、华北等新能源富集地区积极部署一批电－氢耦合试点示范工程。

在市场机制方面，此阶段将是我国电力市场建立健全的关键时期，预计到2025年全国统一电力市场体系初步建成、到2030年全国统一电力市场体系基本建成。其中，2025年全国统一电力市场体系初步建成指省间市场与省（区、市）/区域市场协同运行，电力中长期、现货、辅助服务市场一体化设计、联合运营，跨省跨区资源市场化配置和绿色电力交易规模显著提高，有利于"电－氢协同"发展的市场交易和价格机制初步形成。2030年全国统一电力市场体系基本建成适应新型电力系统要求，国家市场与省（区、市）/区域市场联合运行，分散市场和分散资源聚合平台广泛开展，新能源全面参与市场交易，市场主体平等竞争、自主选择，电力资源在全国范围内得到进一步优化配置，"电－氢协同"发展的市场交易和价格机制基本完善。

5.2　发展成熟期（2030－2040年）

以"规模化推广"为首要目标，以"协同规划"和"市场引导"为关键手段，"电－氢协同"助力季节性电力供需平衡、参与系统长周期调节的价值得以显现。

在关键技术方面，一是推动氢能产业深度应用，在化工、交通、储能等领域的相关技术进入世界领先水平，并实现商业化落地。**二是**广泛普及清洁能源制氢，在终端氢能消费中成为主流。**三是**依托质子交换膜等技术，推动制氢、氢发电设备初步具备与电能协同互动的能力，开展协同规划布局、响应电网调节。

在政策体系方面，一是促请政府出台文件，明确相关项目发挥"电‐氢协同"价值的认证标准，以及制氢厂商、氢储能运营商及燃氢发电商等新兴市场主体参与电网互动的权利、责任、义务等；二是加强发电企业、电网公司、输氢管网公司、氢能产业公司的沟通协调，建立联合工作小组与行业协会，保障电‐氢融合基础设施规划与"氢谷"规划的快速有效落地；三是将"绿氢"配额目标、电制氢项目、氢燃料电池项目发展规模目标等拓展至建筑、交通等行业部门，并逐步提升"绿氢"的应用比例，刺激"绿氢"需求增长；四是由行政性激励措施过渡至市场化激励措施，通过碳税（或碳价）抬升"灰氢"使用成本，并将相关资金用于奖励"绿氢"生产，助力绿色价值转化为经济价值；五是加强针对电‐氢系统协同技术应用方面的资金支持，推动相关企业围绕绿电制氢、长周期储氢、燃氢发电等"电‐氢协同"关键环节进行示范、加强合作，通过实际运行验证"电‐氢协同"发展价值与作用。

在市场机制方面，预计全国统一电力市场体系成熟完善，省间和省内市场融合程度进一步加深，集中市场与分散市场高度融合，新能源全部通过市场消纳，适应高比例新能源接入的市场交易机制成熟完善，形成适应新型电力系统要求、资源大范围畅通流动的全国统一电力市场。"电‐氢协同"的技术优势和资源配置优势将通过公平的市场竞争快速凸显，"电‐氢协同"规模迅速增长。

5.3 深度协同期（2040－2060 年）

"协调发展"为首要目标，推动氢能制、储、输、用与新型电力系统源、网、荷、储深度融合。

在运行特征方面，从系统层面来看，电力系统、氢能系统的生产、输送、消费、储存环节深度耦合，互为备用，统筹进行协调规划、建设、运行。从项目层面来看，以市场机制作为指导信号，制氢设备、氢储能可主动实时调整出力，以适应实时变化的电力供需关系。

在关键技术方面，氢能在国家能源体系中充分融合，具备经济性、便利性、安全性等方面的竞争力，制备、储运体系与电力系统充分协同，在清洁低碳用能上扮演重要角色。

在政策体系方面，一是引入生态标签，量化氢气、电力等商业产品在全生命周期内环境外部性影响，帮助消费者有效辨识符合环境标准的绿色产品。二是打造"电－氢协同"互动共享、共赢的生态圈，电力与氢能行业耦合不断增强，建立常态化的沟通协调机制，助力相关产业集群稳步发展壮大；三是将"绿氢"配额目标、电制氢项目、氢燃料电池项目发展规模目标等拓展至所有行业和区域，针对各行业和区域"绿氢"应用比例设置明确目标；四是加强对"电－氢协同"技术应用方面的研发投资，助力关键技术实现规模效应，形成良性迭代，有力支撑"电－氢协同"发展。

在市场机制方面，随着全国统一电力市场体系建设完成，适应新型电力系统需求、资源大范围畅通流动的全国统一电力市场运行愈发成熟稳定，电力市场已具备充分适应"电－氢协同"等技术突破带来能源革命的条件，并充分发挥市场对资源配置的主导作用，进而通过市场引导"电－氢协同"高速发展。

（本章撰写人：张丝钰、吴洲洋、刘思佳　审核人：代红才）

附录 A "电－氢协同"前沿示范项目

目前，国内外绿氢示范项目方兴未艾，但项目模式与未来发展趋势尚不明晰。本附录将系统梳理国内外现有绿氢示范项目，明确提出新能源基地规模化制氢与综合利用项目、配用电侧/微网侧电氢耦合项目以及氢能灵活调节项目三大类，并针对各类项目特征进行剖析，研判未来"电－氢协同"前沿示范项目的发展趋势。

A.1 新能源基地规模化制氢与综合利用项目

A.1.1 总体特点

新能源基地规模化制氢与综合利用项目的关键特征是：规模化制氢与多元化利用。此类项目基本分布在风光水电资源丰富地区，主要由风电/光伏发电、电解水制氢、氢气利用三大系统单元组成，具体如图 A-1 所示。

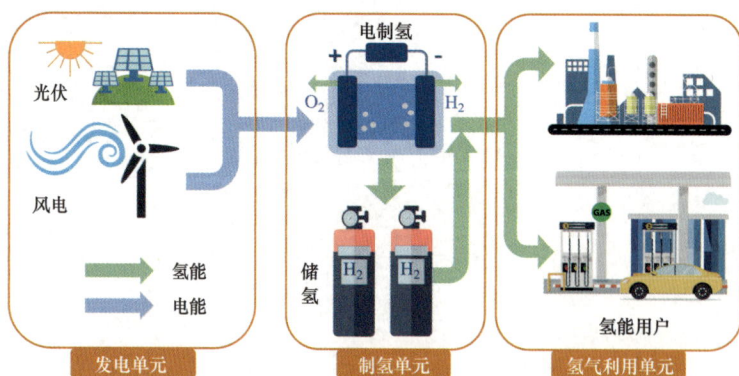

图 A-1 新能源基地规模化制氢与利用项目示意图

不同示范项目氢气的终端利用场景各不相同，但大多应用于化工行业。代表性新能源基地规模化制氢与利用项目的基本情况如表 A-1 所示。中石化新疆库车绿氢示范项目生产的绿氢将供应中国石化塔河炼化，开创绿氢炼化新发展模式。甘肃液态太阳燃料合成示范项目制取的氢气与汽化后的二氧化碳在催化剂作用下反应合成甲醇，可作为新型低碳运输燃料。宝丰能源一体化太阳能电解水制氢项目所产氢气将供给化工系统生产聚乙烯、聚丙烯等上百种高端化工产品，是绿氢耦合现代煤化工制备高端化工新材料的典范。

表 A-1　　　　　　代表性新能源基地规模化制氢与利用项目

项目名称	发电	制氢	用氢
甘肃液态太阳燃料 合成示范项目	10MW 光伏	电催化分解水制氢 单套电解槽 1000m³/h（标况下）	二氧化碳催化 加氢制甲醇
新疆阿克苏库 车电制氢项目	300MW 光伏	碱性电解水制氢 氢产能 20 000t/年	供给炼化厂
宁夏宝丰能源太阳能电解制 氢储能及综合应用示范项目	200MW 光伏	碱性电解水制氢 氢产能 20 000m³/h（标况下）	供给煤化工 生产系统
中煤鄂尔多斯能源化工 10 万 t/年液态阳光示范项目	光伏 400MW、 风力 225MW	碱性电解水制氢 氢产能 46 200m³/h（标况下）	二氧化碳催化 加氢制甲醇

A.1.2　典型项目 1：中石化新疆库车绿氢示范项目

（1）项目基本情况。**中国石化新疆库车绿氢示范项目是我国首个万吨级光伏绿氢示范项目，也是全球在建的最大光伏绿氢生产项目**。项目位于库车经济技术开发区，制氢厂占地面积约 300 亩，由 7 栋厂房、52 台电解槽及成套设备组成，单台电解槽生产能力为 1000m³/h，投资近 30 亿元，项目厂区如图 A-2 所示。一期新建内容主要包括装机容量 300MW、年均发电量 6.18 亿 kW·h 的光伏电站，2 万 t/年电解水制氢厂，折合 2.8 万 m³/h（标况下），21 万 m³（标况下）的储氢球罐，输氢管道及配套输变电等设备。2023 年 6 月 30 日项目顺利产氢，实现了万吨级绿氢炼化项目全产业链贯通。经测算，项目建成后，每年可减少排放烟尘约 24.72t、二氧化硫约 123.6t、二氧化碳约 68 万 t、灰渣约 74 万 t。预计将为当地 GDP 年均贡献 1.3 亿元、创造税收 1800 万余元。

73

图 A - 2　中石化新疆库车绿氢示范项目厂区

数据来源：http://www.sasac.gov.cn/n2588025/n2588124/c28746543/content.html。

（2）项目的示范价值。**中国石化新疆库车绿氢示范项目的价值在于：一是实现了氢气制储输用全产业链贯通。**该项目集光伏发电、绿电输送、绿电制氢、氢气储运、绿氢炼化全流程于一体，标志着我国万吨级绿氢项目实现了全产业链贯通。**二是对炼化企业大规模利用绿氢实现碳减排具有重大示范效应。**产生的氢气直供中国石化塔河炼化，替代现有天然气化石能源制氢。项目投产后，预计每年可减少二氧化碳排放 48.5 万 t，将进一步开创绿氢炼化新发展路径。

（3）"电－氢协同"情况。**该项目属于"用电型"并网示范项目，项目采用自建光伏电站与大电网联合供电模式，保障光伏电站与制氢设备均可实现较高的利用率。**若没有大电网的辅助，新能源制氢项目将面临新能源利用率和制氢设备利用率难以兼顾的问题❶。该项目通过自建光伏和大电网联合供电，在光伏发电时段优先采用配套光伏电站发电，在光伏电站出力不足时依赖于外购绿电和电网谷电。预计光伏电站和制氢设备利用小时将分别达到 2000、4000h 以上。

从与电网的互动方式上来看，在自建光伏出力不足或存在波动时，需要大

---

❶ 若保障新能源全额消纳，制氢设施装机容量与新能源装机容量需大致相等，则制氢设施的利用小时数将在 2000h 以下，利用效率较低。若保障制氢设施利用小时达到 4000h，则制氢设施容量需明显低于新能源装机容量，新能源将面临大幅弃电问题。

电网为其调峰并提供备用。项目配套建设的光伏发电站所发电力全部用于制氢项目，在全生命周期内采取"并网不上网"模式与电网连接。制氢设备约 64％的电力来源于配套光伏电站，约 36％的电力来源于外购绿电和电网谷电。目前，电制氢设施与大电网之间联络线路的运行方式尚未明确，电制氢难以为电网调节作出贡献。

A.1.3 典型项目 2：中煤鄂尔多斯能源化工有限公司 10 万 t/年液态阳光示范项目

（1）项目基本情况。**该项目是全球首个液态阳光技术大规模工业化示范项目**。光伏风电装机总容量 625MW，其中光伏装机容量 400MW、风力发电装机容量 225MW；标况下，制储氢电解水制氢产能为 2.1 万 t/年，总制氢能力 46 200m³/h，储氢规模为 22 万 m³；电化学储能建设 2.5MW/5MW·h。下游配套建设 15 万 t/年二氧化碳精制装置，10 万 t/年绿色甲醇合成装置及配套的公用工程部分。2023 年 2 月，项目完成工艺包审查及风电场、输变电线路选址前期勘测。截至 2023 年 7 月，根据公开招标信息，项目处于招标采购和启动建设阶段。项目建成后，通过风电光伏产生的绿色电能生产氢气，并与二氧化碳反应生成甲醇燃料，实现碳减排。

（2）项目的示范价值。**鄂尔多斯 10 万 t/年"液态阳光"技术示范项目对推动可再生能源制氢与煤化工产业融合发展、实现煤化工产业零碳绿色化工转型具有重要意义**。"液态阳光"技术是煤制甲醇、合成氨等煤化工领域实现二氧化碳减排的有效手段。利用间歇的光伏和风电，并规模化转化由煤化工等基础工业排放的二氧化碳制取液态阳光甲醇，一方面助力波动性可再生能源电力的消纳，另一方面缓减我国液体燃料短缺的能源安全问题，综合效益显著。

（3）"电－氢协同"情况。**该项目属于"发电型"并网示范项目，新能源所发出电力可向电网送电，年上网电量不超过年总发电量的 20％**。项目配套建设的风电/光伏发电站所发电量大部分用于制氢，20％发电量可上网并赚取收益，原则上不从电网购电。为项目调峰能力、保障制氢设备与风电光伏设备的高利用率，配备 2.5MW/5MW·h 电化学储能以及 22 万 m³（标况下）的储氢设施。

从与电网的互动方式上来看，在自建光伏、风电出力大于电制氢设备容量时，仍需要大电网为其吸纳部分波动性。项目配套建设的光伏发电站所发电力 80% 以上用于制氢项目，剩余反送电网赚取收益；制氢设备的全部电力来源为配套风电、光伏电站。目前，电制氢设施无法响应电网调度，无法为电网提供调峰、调频等服务。

A. 1. 4　典型项目 3：荷兰北海风电制氢项目

（1）项目基本情况。**荷兰北海风电制氢（NortH₂）项目将实现海上风电制氢与规模化输送，为荷兰北部氢谷发展提供重要支撑。**NortH₂ 项目示意图如图 A-3 所示，计划在荷兰埃姆沙文（Eemshaven）建设大型制氢厂，将海上风电转化为绿氢。同时，在荷兰和西北欧将建立一个智能运输网络，通过

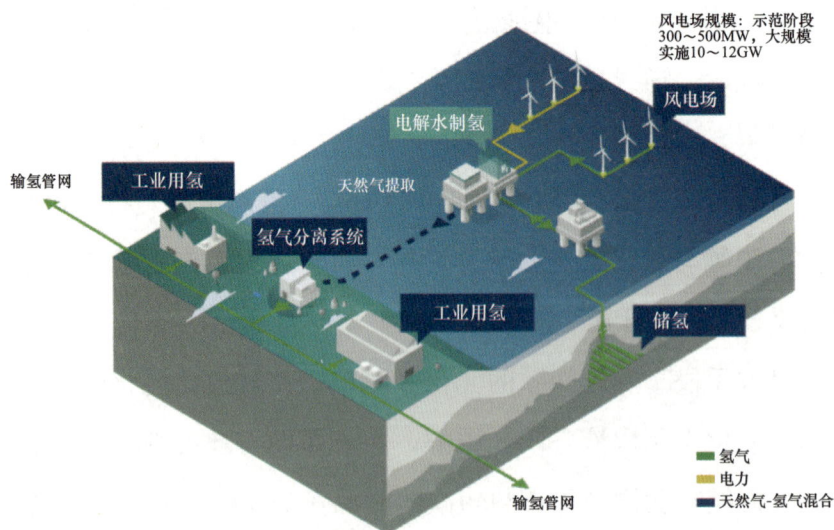

图 A-3　荷兰北海风电制氢项目示意图

数据来源：https://www.rwe.com/en/research-and-development/hydrogen-projects/h2opzee/。

Gasunie 的天然气基础设施（目前主要用于天然气和绿色气体）将 80 万 t 绿氢用于工业以及消费市场，减排潜力可达 700 万 t 左右。预计 2030 年，风电装机容量将达到 3～4GW，2040 年增长至 10GW，相当于 1250 万户荷兰家庭的用电量。目前，壳牌、Gasunie 正在寻找合作伙伴以开展该项目。预计第一个风场可以在 2027 年就绪并用于生产绿氢。

（2）项目的示范价值。**NortH$_2$ 项目将打造规模化海上风电制氢与天然气管网复用掺氢输送相结合的示范样板**。NortH$_2$ 项目将在海上直接部署电解槽制取氢气，并通过荷兰天然气管网运营商 Gasunie 的基础设施将绿氢运输至荷兰和西北欧的工业客户。通过复用天然气管道，可降低管道建设投资，但掺氢比例受到管道安全因素限制。

（3）"电‑氢协同"情况。**天然气掺氢输送与电力基础设施协同组成新能源多元化输送体系，更好支撑新能源大规模开发利用**。输氢与输电以协同和补充的关系为主。"源端绿电制氢＋管道输氢"将成为绿氢开发利用的重要模式，进一步带动新能源富集地区的大规模发展，可有效解决特高压线路或电缆输送高比例新能源面临的通道利用率和新能源利用率难以兼顾的问题，缓解电网外送新能源的压力。

A. 2　配电侧/微网侧电氢耦合项目

A. 2. 1　总体特点

配用电侧/微网侧电氢耦合项目的关键特征是：利用氢电耦合技术开展制氢、储氢、用氢全流程示范。此类项目的电氢耦合模式如图 A‑4 所示。项目的氢能流主要包括：电解水制氢→储氢罐→氢燃料电池汽车加氢＋燃料电池发电用氢；电能流主要包括：可再生能源发电＋氢燃料电池发电→电化学储能→PEM 电解水制氢用电＋电动汽车快充用电。

不同示范项目的侧重点各有不同。代表性项目的基本情况如表 A‑2 所示，

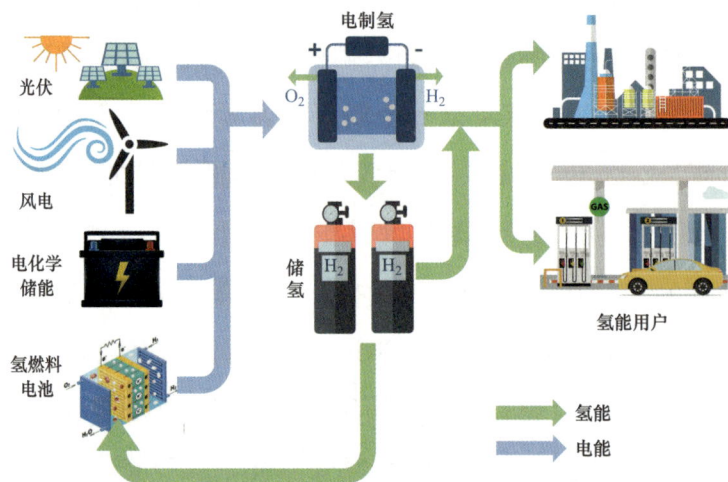

图 A - 4　配用电侧/微网侧电氢耦合项目示意图

宁波慈溪氢电耦合直流微网示范工程是国内首个电 - 氢 - 热 - 车耦合的 ±10kV 直流互联系统，同时充分利用燃料电池发电产生的热能供热；杭州亚运低碳氢能示范工程建成柔性直流配电网络，并与格力电器合作，进一步研究直流充电、空调变频等典型近用户侧技术应用；丽水缙云水光氢生物质零碳能源示范项目通过电网供电制氢，氢气应用场景更加多元化，包含利用绿氢"提纯"沼气制取生物天然气。

表 A - 2　　　　代表性配用电侧/微网侧电氢耦合项目

项目名称	制氢	储氢	用氢
宁波慈溪氢电耦合直流微网示范工程	PEM 电解水制氢功率 400kW 氢产能 ≥6×10⁵m³/a（标况下）	储氢罐	10 辆氢燃料电池车、240kW 氢燃料电池
杭州亚运低碳氢能示范工程	碱性电解水 氢产能 200m³/h（标况下）	储氢罐	燃料电池发电、氢燃料电池车
台州大陈岛氢利用示范工程	PEM 电解水制氢功率 100kW	储氢容量 200m³（标况下）	氢燃料电池热电联供 100kW、氢燃料电池车
丽水缙云水光氢生物质零碳能源示范项目	电解水制氢	储氢罐	燃料电池、氢能叉车及天然气提纯

A.2.2　典型项目 1：浙江台州大陈岛氢能综合利用示范项目

（1）项目基本情况。**大陈岛氢能综合利用示范工程是全国首个海岛"绿氢"综合能源示范项目**。项目位于东海大陈岛，项目所在地年平均风速 6.8m/s，年有效风能时数达 7000h，风能资源十分丰富。项目风力发电装机 34 台，总装机容量约 27MW，平均每年可发电超 6000 万 kW·h。通过质子交换膜技术电解水制氢，构建了"制氢 - 储氢 - 燃料电池"热电联供系统。项目全景图如图 A-5 所示。

图 A-5　浙江台州大陈岛氢能综合利用示范项目全景图

数据来源：https：//baijiahao.baidu.com/s？id=17377635913154300051&wfr=spider&for=pc。

大陈岛氢能综合利用示范工程综合能效高，并显著提升海岛供电安全性和可靠性。2022 年 7 月 8 日，浙江台州大陈岛氢能综合利用示范工程投运。项目综合能效超过 72%，达到国际领先水平。每年可消纳岛上富余风电 36.5 万 kW·h，产出氢气 7.32 万 m³（标况下），可发电约 10 万 kW·h，减少二氧化碳排放 73t。此外，项目可满足大陈岛高峰和紧急检修情况下用电需求，促进海岛清洁能源消纳与电网潮流优化，解决海岛供能短缺问题，带动产业发展，实现大陈岛清洁能源 100% 消纳与全过程"零碳"供能。

（2）项目的示范价值。**项目首次验证用户侧孤岛离网制氢与综合应用，建立基于新能源发电的制氢 - 储氢 - 燃料电池热电联供系统。**大陈岛采用的质子交换膜电解水制氢技术先进，具有更高安全性、更高产氢纯度、压力调节裕度大、响应性好等优点。"绿氢"通过燃料电池系统供电、供热，可应用于大陈岛的民宿、酒店等，而制氢过程中产生的氧气可提供给黄鱼养殖户，助力大陈岛水产养殖业发展，首次在国内实现了孤岛清洁能源百分百消纳与全过程零碳供能。

项目将成为我国未来风电制氢储能、氢能多元耦合与高效互联应用的重要示范，助力多元融合高弹性电网建设。项目创新探索供电、供热、供氢多元业务融合发展，有效促进了海岛清洁能源消纳与电网潮流优化。此外，氢燃料电池能够在用电高峰和紧急检修情况下满足大陈岛用电需求，提升电网的韧性与可靠性。

（3）"电 - 氢协同"情况。**项目"制氢 - 储氢 - 燃料电池热电联供系统"可作为储能，解决大陈岛风力发电资源与用电负荷的时间错配问题，但仍面临能源转换效率较低、能耗较高的挑战。**大陈岛上的风力资源与用电负荷长期不相匹配。夜晚富余的风电无法储存，白天用电高峰期，电经常不够用。而绿氢工程的投运，可将晚上的富余风电制氢储能，并在白天用电高负荷时使用。此外，绿氢工程的制氢、储氢、发电系统，可在常规电力系统检修、故障导致停电期间，作为附近用户的应急电源使用。项目 200m^3（标况下）储氢系统储氢量，可满足氢燃料电池发电系统持续发电时长约 2.5h，显著增强了电网安全负荷保障和持续供电能力。

A. 2. 3　典型项目 2：宁波慈溪氢电耦合直流微网示范工程

（1）项目基本情况。**宁波慈溪氢电耦合直流微网示范工程是首个"电 - 氢 - 热"微网耦合直流能源互联网示范工程。**项目位于宁波慈溪滨海经济开发区，工程占地 $12\,600 \text{m}^2$，以"电 - 氢 - 热"综合能量管理系统为中枢，以 $\pm 10 \text{kV}$、

±375V 直流母线为主干网架，依托 4MW 光伏、0.2MW 风电产生的绿电，支撑 400kW 的制氢机和 10 台 60kW 直流充电机运行。通过将氢能与风力、光伏等可再生能源耦合运行，同时通过氢能微网，满足用户对电、氢、热多种能源的需求。

该项目实现了氢产业全链条相关设备全部国产化，氢电转换效率达到世界领先水平。2023 年 6 月，项目顺利投运。预计每年产氢超过 60 万 m³（标况下），助力新能源消纳超过 400 万 kW·h，可满足每日 10 辆氢燃料电池大巴加氢和 50 辆纯电动汽车直流快充的需求。此外，该工程还配置 3MW/6MW 时电池储能和 240kW 燃料电池，可在电网急需时短时支撑电网运行。

（2）项目的示范价值。**项目首次形成以电为中心的电氢热耦合能源互联网示范**。通过示范工程可展示氢能技术的应用前景、氢网与电网的有机融合、氢能与电能的互补支撑以及综合能源系统下多种能源的互联互通。此外，项目突破氢电耦合直流微网在安全、稳定、经济运行方面关键技术，自主研发高效电解制氢系统、燃料电池热电联供系统、氢能与电池混合储能、多端口直流换流器等核心装备，将电、氢、热等能源网络中的生产、存储、消费等环节互联互通，实现绿电制氢、电热氢高效联供、车网灵活互动、离网长周期运行等多功能协同转化与调配。

A.3　氢能灵活调节项目

A.3.1　总体特点

氢能灵活调节项目的关键特征是：将氢能灵活性资源，与电力系统实现充分协调互动。一方面，电制氢装置可以在源侧直接追踪新能源波动性出力，促进可再生能源的就地消纳；另一方面，电制氢装置可与储氢、燃氢发电相配合，在新能源出力不足、电力供应紧张时段提供发电出力，保障新型电力系统全时段电力电量平衡。氢能灵活调节项目示意图如图 A-6 所示。

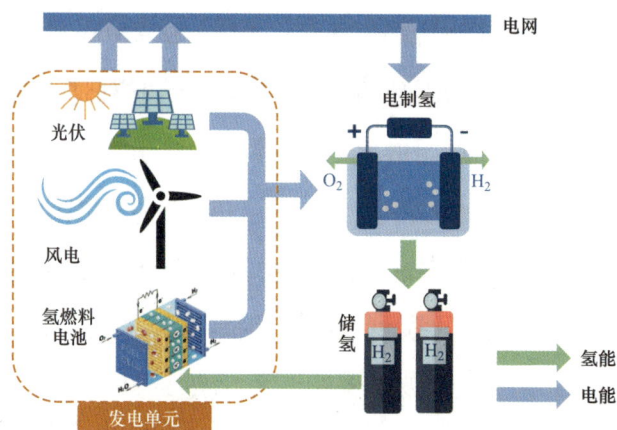

图 A - 6　氢能灵活调节项目示意图

A.3.2　典型项目 1：安徽六安兆瓦级氢能综合利用示范项目

（1）项目基本情况。**安徽省六安兆瓦级氢能综合利用项目是电网领域首个兆瓦级质子交换膜制氢示范**。安徽六安兆瓦级氢能综合利用示范站位于安徽省六安经济技术开发区，额定装机容量 1MW，占地面积 7000 余平方米。主要配备兆瓦级质子交换膜（PEM）制氢系统、燃料电池发电系统和热电联供系统、风光可再生能源发电系统、配电综合楼等。该项目由国网安徽综合能源服务有限公司投资建设，总投资约 5000 万元。项目全景图如图 A - 7 所示。2022 年 7 月 6 日，项目整体建成投运。经测算，该示范项目年可发电约 70 万 kW•h，每年可节约标准煤 1000 余吨，减少二氧化碳排放 2000 余吨。

（2）项目的示范价值。**项目首次实现兆瓦级"制氢－储氢－氢能发电"的全链条技术贯通和满功率运行，将氢能作为电力系统的可调节资源**。项目兆瓦级质子交换膜（PEM）纯水电解制氢系统，可响应宽功率波动条件下的可再生能源输入。电制氢装置作为可控负荷，可将过剩的电力转化为氢能进行储存。此外，项目应用兆瓦级质子交换膜（PEMFC）燃料电池发电系统，在新能源出力不足、电力供应紧张时将氢能转化为电能，实现"削峰填谷"。

图 A-7   安徽六安兆瓦级氢能综合利用示范站

数据来源：https：//mp. weixin. qq. com/s? biz＝MzA40TUyMDkxMQ＝＝&mid＝2650995633&idx＝

　　　　　1&sn＝a36243081d7d410e8a0fed471915d04b&chksm＝8beff5d1bc987cc766ad978b3dd81949eab

　　　　　00361f974ab50848ba158d527fdee9408d8e05f31&scene＝27♯wechat redirect。

（3）"电－氢协同"情况。**该项目可作为灵活性负荷及长周期储能，验证电－氢"单向耦合"以及电－氢－电"双向耦合"的可行性。**质子交换膜电解水的动态响应能力优异，或直接追踪新能源波动性出力，或通过灵活运行方式参与大电网调峰，助力新能源消纳。此外，目前该项目已并网发电，除售氢外，部分电解水制备所得的氢气可通过氢燃料电池提供发电出力，进一步探索氢储能电站利用峰谷电价差盈利的可行性，为氢储能电站以及"售电＋售氢"运行模式的推广提供实际经验，对"电－氢协同"的落地应用具有重要示范意义。

A. 3. 3   典型项目 2：德国美因茨风电制氢－加氢站及天然气管网示范项目

（1）项目基本情况。**德国美因茨项目是涵盖风电制氢－加氢站/天然气管网全产业链示范项目。**该项目由林德集团、西门子、美因茨市政和莱茵曼应用技术大学共同合作开发，配备 3 台 Silyzer200 电解槽（额定功率为 3. 75MW，峰值功率可达 6MW），以及基于 Simatic 控制装置的电解系统（每小时输出标况下 1000m³ 氢气），与当地 10MW 风电场以及 20kV 当地电网相连，充分利用

PEM 电解槽快速响应和宽功率区间的技术特点以应对风电波动性，项目全景图如图 A-8 所示。项目于 2012 年启动，2015 年 7 月 2 日建成投运，2017 年正式进入商业化运营阶段。

图 A-8　德国美因茨风电制氢-加氢站及天然气管网示范项目

数据来源：https://www.h2media.cn/hydrogenation/1636.html。

（2）项目的示范价值。**项目对氢能设备以电力价格为信号参与电网调节具有重要示范意义**。该项目将电力现货市场价格作为制氢设施启停的指导信号，当风电上网电价小于 0.03 欧元/（kW·h）时，则判定此时风电"过剩"，并启动制氢设备，部分氢气由罐车运往附近的加氢站，其余注入天然气管网用来供暖或发电。当现货市场中可再生电力价格高于 0.03 欧元/（kW·h）时，风电机组并网发电并赚取收益。

（3）"电-氢协同"情况。**该项目的"电-氢协同"互动程度较高，通过调节运行方式响应市场价格波动，赚取收益的同时可提升电网调节能力**。在该项目中，制氢设施可根据电力现货价格，在"辅助服务提供商"和"电力用户"两种角色定位之间实时转换，灵活选择发电上网或是利用 PEM 快速响应和宽功率区间的优势来应对风电的波动性，通过电解水产生氢气，以响应市场价格波动获得最大化利益，同时助力电网调峰，实现"双赢"。

A.3.4　典型项目 3：法国 HYFLEXPOWER 示范项目

（1）项目基本情况。**HYFLEXPOWER 示范项目是世界上第一个工业规模的、在实际电厂应用的"电 - 氢 - 电"示范项目**。该项目由欧洲公司、研究机构和大学共同建设，将在 Engie Solutions 位于法国 Saillat - sur - Vienne 的 Smurfit Kappa 纸浆造纸工业基地改造一座 12MW 的热电联产工厂，验证整个电力到氢气到电力的循环。项目于 2020 年启动，为期 4 年。2021 年已完成在试验示范基地安装氢气生产、储存和供应设施，2022 年开始安装天然气、氢气混合燃烧的燃气轮机，燃气轮机的现场安装情况如图 A - 9 所示。2023 年开始将逐步提升掺氢燃烧的氢气比例，最终将达到 100%。

（2）项目的示范价值。**该项目将打通"电 - 氢 - 电"双向耦合的"最后一公里"**。能够 100%燃烧氢气的燃气轮机，可作为煤炭、天然气的低碳化替代品，应用于调峰和基荷发电，以及热电联产的燃料电池、工业热能和发电机。作为全球首个工业级电 - 氢 - 电示范项目，该项目的成功将打通可再生能源制储发电全产业链，并为电网调节打下良好基础。

图 A - 9　西门子能源 SGT - 400 燃气轮机现场安装图

数据来源：https：//www.hyflexpower.eu/2022/12/22/first-tests-for-power-to-hydrogen-to-power-hyflexpower-demonstrator-successfully-completed/。

（本章撰写人：时庆　审核人：刘林）

参　考　文　献

［1］IRENA. 创新图景：可再生能源发电制氢 ［R/OL］. ［2019 - 06 - 09］. https：//hydrogen - portal. com/wp - content/uploads/2021/12/IRENA _ Power - to - Hydrogen _ Innovation _ 2019. pdf.

［2］IRENA. 氢：可再生能源视角 ［R/OL］. ［2019 - 09 - 05］. https：//www. irena. org/publications/2019/Sep/Hydrogen - A - renewable - energy - perspective.

［3］IRENA. 1. 5℃气候目标下的氢气贸易：绿氢成本及发展潜力 ［R/OL］. ［2022 - 05 - 03］. https：//www. irena. org/publications/2022/May/ Global - hydrogen - trade - Cost.

［4］IRENA. 绿氢降本：1. 5℃气候目标下的电解槽规模化应用 ［R/OL］. ［2020 - 12 - 01］. https：//www. irena. org/publications/2020/Dec/Green - hydrogen - cost - reduction.

［5］DOE. 国内外氢燃料电池汽车的发展及未来展望 ［EB/OL］. ［2014 - 10 - 01］. https：// www. energy. gov/eere/fuelcells/downloads/fuel - cell - technologies - office - multi - year - research - development - and - 22.

［6］郜捷，宋洁，王剑晓，等. 支撑中国能源安全的电氢耦合系统形态与关键技术 ［J/ OL］. ［2023 - 06 - 23］. 电力系统自动化. https：//kns. cnki. net/kcms2/detail/32. 1180. TP. 20230612. 1449. 006. html.

［7］Van Leeuwen C，Mulder M. Power - to - gas in electricity markets dominated by re- newables ［J］. Applied Energy，2018，232：258 - 272.

［8］Mukherjee U，Walker S，Maroufmashat A，Fowler M，Elkamel A. Development of a pricing mechanism for valuing ancillary，transportation and environmental services offered by a power to gas energy system ［J］. Energy，2017，128：447 - 462.

［9］Grueger F，Möhrke F，Robinius M，Stolten D. Early power to gas applications：Re- ducing wind farm forecast errors and providing secondary control reserve ［J］. Applied Energy，2017，192：551 - 562.

［10］ Li J. et al. Optimal investment of electrolyzers and seasonal storages in hydrogen supply chains incorporated with renewable electric networks ［J］. in IEEE Transactions on Sustainable Energy，2020，11（3）：1773 - 1784.

［11］ 姜海洋，杜尔顺，朱桂萍，等. 面向高比例可再生能源电力系统的季节性储能综述与展望 ［J］. 电力系统自动化，2020，44（19）：194 - 207.

［12］ Pan G，Gu W，Lu Y，et al. Optimal planning for electricity - hydrogen integrated energy system considering power to hydrogen and heat and seasonal storage ［J］. IEEE Transactions on Sustainable Energy，2020，11（4）：2662 - 2676.

［13］ 潘光胜，顾伟，张会岩，邱玥. 面向高比例可再生能源消纳的电氢能源系统 ［J］. 电力系统自动化，2020，44（23）：1 - 10.

［14］ 袁铁江，李国军，张增强，张龙，蔡高雷，梅生伟. 风电 - 氢储能与煤化工多能耦合系统设备投资规划优化建模 ［J］. 电工技术学报，2016，31（14）：21 - 30.

［15］ 侯慧，刘鹏，黄亮，等. 考虑不确定性的电 - 热 - 氢综合能源系统规划 ［J］. 电工技术学报，2021，36（S1）：133 - 144.

［16］ 司杨，陈来军，陈晓弢，等. 基于分布鲁棒的风 - 氢混合系统氢储能容量优化配置 ［J］. 电力自动化设备，2021，41（10）：3 - 10.

［17］ 马艳，郭星辰，陈汝科，谢枭，王若昕，沈丹青，王飞，周冬. 基于多主体收益的电 - 气综合能源系统协调规划研究 ［J］. 智慧电力，2021，49（02）：1 - 6＋22.

［18］ 任洪波，侯亚群，李琦芬，吴琼，杨涌文，赵鹏翔. 基于博弈论的多能互补综合能源系统规划设计方法 ［J］. 科学技术与工程，2021，21（05）：1812 - 1819.

［19］ 杨楠，黄禹，董邦天，辛培哲，刘颂凯，叶迪，李宏圣. 基于多主体博弈的电力 - 天然气综合能源系统联合规划方法研究 ［J］. 中国电机工程学报，2019，39（22）：6521 - 6533.

［20］ Li J，Lin J，Song Y，Xing X and Fu C. Operation optimization of power to hydrogen and heat（p2hh）in adn coordinated with the district heating network ［J］. IEEE Transactions on Sustainable Energy，2019，10（4）：1672 - 1683.

［21］ Pan G，Gu W，Lu Y，et al. Optimal planning for electricity - hydrogen integrated energy system considering power to hydrogen and heat and seasonal storage ［J］. IEEE Transactions on Sustainable Energy，2020，11（4）：2662‐2676.

［22］ 魏繁荣，随权，林湘宁，李正天，陈乐，赵波，徐琛，Owolabi Sunday Adio. 考虑制氢设备效率特性的煤风氢能源网调度优化策略［J］. 中国电机工程学报，2018，38（05）：1428‐1439.

［23］ Lin H，Wu Q，Chen X，et al. Economic and technological feasibility of using power‐to‐hydrogen technology under higher wind penetration in China ［J］. Renewable Energy，2021，173：569‐580.

［24］ Elberry A M，Thakur J，Santasalo‐Aarnio A，et al. Large‐scale compressed hydrogen storage as part of renewable electricity storage systems ［J］. International Journal of Hydrogen Energy，2021，46（29）：15671‐15690.

［25］ 熊军华，焦亚纯，王梦迪. 计及电转气的区域综合能源系统日前优化调度 ［J/OL］. ［2021‐10‐03］. 现代电力：1‐10. https：//doi. org/10. 19725 /j. cnki. 1007‐2322. 2021.0132.

［26］ Tao Y，Qiu J，Lai S，Zhang X and Wang G. Collaborative planning for electricity distribution network and transportation system considering hydrogen fuel cell vehicles ［J］. IEEE Transactions on Transportation Electrification，2020，6（3）：1211‐1225.

［27］ Mukherjee U，Walker S，Maroufmashat A，Fowler M，Elkamel A. Development of a pricing mechanism for valuing ancillary，transportation and environmental services offered by a power to gas energy system ［J］. Energy，2017，128：447‐462.

［28］ Grueger F，Möhrke F，Robinius M，Stolten D. Early power to gas applications：Reducing wind farm forecast errors and providing secondary control reserve ［J］. Applied Energy，2017，192：551‐562.

［29］ Sulaiman N，Hannan M A，Mohamed A，et al. Optimization of energy management system for fuel‐cell hybrid electric vehicles：Issues and recommendations ［J］. Applied Energy，2018，228：2061‐2079.

致　谢

《电 - 氢协同：发展理念与路径展望　2023》在编写过程中，得到了国家电网有限公司政研室、国家发展和改革委员会能源研究所、全球能源互联网发展合作组织、中石化石油化工科学研究院、中国石油经济技术研究院、国家电投绿能科技发展有限公司、中国氢能联盟研究院、清华大学等国内外机构及多位业内知名专家的大力支持，在此表示衷心感谢！

诚挚感谢以下专家对本报告的框架结构、内容观点提出宝贵建议，对部分基础数据审核把关（按姓氏笔画排序）：

王利宁　中国石油经济技术研究院

全恒立　国家电投绿能科技发展有限公司

刘　坚　国家发展和改革委员会能源研究所

张　岩　中国氢能联盟研究院

张　宁　清华大学

荣峻峰　中石化石油化工科学研究院

侯金鸣　全球能源互联网发展合作组织